손으로 세상을 향해 말하다!

기독교 수어통역사를 향한 첫걸음

[밀알수어]

발간사

손으로
세상을 향해 말하다!
밀알수어 증보2판을
발간하며...

　2017년 현재 우리나라 청각장애를 갖고 있는 농인의 수는 약 30여만 명으로 전체 장애인인구 2백 5십여 만 명 중에 적지 않은 비중을 차지하고 있습니다. 일반적인 사회 내에서 장애인으로 살아간다는 것이 다 어렵고 쉽지 않은 삶이긴 하지만 농인의 경우 의사소통의 장벽으로 인해 일상생활이나 사회생활 전반에 걸쳐 다른 장애유형보다 더 많은 불이익과 부당한 처우를 받는 현실적 고충이 있습니다.

　최근 기사를 검색하던 중 한 기자의 장애체험에 관한 기사를 접하게 되었습니다. 그 기자는 농인의 삶을 헤아려 보기 위해 귀마개와 귀덮개를 하고 3일간 청각장애체험을 했다고 합니다. 그것도 휴가기간이나 휴일이 아닌 일상의 생활을 그렇게 해보기로 결정하고 자신의 일상인 직장과 가정에서, 샤워 하는 시간을 제외한 3일간의 모든 시간을 그렇게 살아보았다고 합니다. 그리고 그가 그 느낌을 이렇게 한 줄로 요약해 써 놓았습니다.

　"가까이, 하지만 따로 있었다."

이 한 줄의 기사내용이 너무나 공감이 되었습니다. 농인들이 한 사회의 일원으로 함께 살아가기 힘든 가장 큰 요인은 기자가 이야기 하는 것처럼 곁에서 함께 있지만 따로 살아가는 소통의 부재에서 오는 고립이라 생각합니다. 저도 이 부분에 있어서 함께 하는 농인 분들께 미안한 마음이 항상 있습니다.

곰곰이 생각해 보니 위에 이야기한 "가까이, 하지만 따로 있었다."라는 표현은 바로 소외(疏外)라는 한 단어로 정의가 되는 것 같습니다. 이렇게 소외되는 사람들을 우리는 '소외계층 (疏外階層)'이라 표현합니다. 인터넷 검색 창에 '소외계층'이라는 단어를 검색해 보니 우리가 일반적으로 생각하고 있는 '사회소외계층'이라는 의미 이외에도 다양한 '소외계층'에 대한 표현들이 나와 있었습니다. 예를 들면 '기술소외계층', '문화소외계층', '금융소외계층' 등 다양한 표현들이 있었습니다. 이러한 '소외계층'의 표현들을 보면서 이런 생각이 떠올랐습니다. "이 시대에 '복음의 소외계층'은 없는가?"라는 물음이었습니다.

우리가 잘 알고 있는 로마서 10장 17절 말씀은 이렇게 말씀하고 있습니다.
"그러므로 믿음은 들음에서 나며 들음은 그리스도의 말씀으로 말미암았느니라. (롬10:17)"

이번에 발간되는 밀알수어개정판은 농인들에게 어떻게 복음을 듣게 할 것인가에 대한 고민을 함께 짊어지고 나아가는 작은 발걸음의 시작이라 생각합니다. 함께 살아가고 있지만 따로 살아가는 농인들에게 이 한권의 책이 작지만 소중한 복음의 밑거름이 되길 소망합니다.

한국밀알선교단 단장
조 병 성

추천의 글
(개정증보 2판)

　재작년(2016년 7월 3일)부터 저희 지구촌교회에서도 농인들을 위한 예배와 신앙교육이 '농아부'라는 이름의 신앙공동체 활동으로 '본격화' 되었습니다. 이제 지구촌교회에도 농인들이 출석하고 있습니다. 이들이 믿음을 갖기 시작했으며 침례를 받고, 신앙이 성장해가고 있습니다. 오전 10시에는 농아 1부 예배가, 오후 3시 30분에는 농아 2부 예배가 자체적으로 드려지고 있습니다. 모든 예배가 수어로 이루어지고 있습니다. 수어 설교, 수어 기도, 수어 찬양 등 모든 언어가 수어가 중심이 되었습니다. 매주일 수어를 통해 펼쳐지고 있는 복음의 향연이 농인들의 가슴에 성령님의 불로 뜨겁게 하고 있습니다. 더욱이 주일예배 설교를 수어로 통역하는 사역은 10여 년 전부터 이미 진행해 왔으나 5부 예배(분당 성전) 때와 같이 농인들과 청인 성도들이 함께 예배하고, 찬양하며 기도하는 통합예배를 드릴 수 있게 된 것은 하나님께서 크게 기뻐하실 일입니다. 농인들이 수어로 예배드리는 순전한 모습을 청인 성도들이 접하면서 큰 도전과 감동을 받고 있기 때문입니다. 농인이든 청인이든 모두가 다 함께 하나님께 경배할 수 있다는 사실이 실증적으로 나타나는 예배의 현장은 아름다운 천국의 예표입니다.

　수어가 이 모든 것을 가능케 했던 도구였고, 통로였습니다.

　어떻게 농인들을 예수 그리스도에게로 인도할 수 있겠습니까?
　어떻게 농인들을 교회 공동체에 참여할 수 있도록 도울 수 있겠습니까?

어떻게 농인들을 하나님과의 그 역동적인 친밀한 관계 속으로 인도할 수가 있겠습니까?

수어가 필요합니다. 수어를 통해서 감당할 수 있습니다. 제가 저희 지구촌교회의 사례를 통해 다시금 확신하게 된 사실입니다.

"죄의 삯은 사망이요 하나님의 은사는 그리스도 예수 우리 주 안에 있는 영생이니라(롬 6: 23)."고 했습니다. "모든 사람이 죄를 범하였으매 하나님의 영광에 이르지 못하더니(롬 3: 23)", "하나님이 세상을 이처럼 사랑하사 독생자를 주셨으니 이는 저를 믿는 자마다 멸망치 않고 영생을 얻게 하려 하심이니라(요 3: 16)."는 말씀이 있습니다. 그런데 "그런즉 저희가 믿지 아니하는 이를 어찌 부르리요 듣지도 못한 이를 어찌 믿으리요 전파하는 자가 없이 어찌 들으리요(롬 10: 4)"라는 외침 앞에 숙연해집니다. "전파하는 자가 없이 어찌 들으리요"에서 가슴이 먹먹해집니다.

전해야 합니다.
무엇으로요? 수어로 전해야 합니다. 농인들에게요.

그래서 "기독교 수어통역사를 향한 첫걸음 〈밀알수어〉 개정 증보2판"이 무려 10년 만에 다시 이 세상에 나오게 되어 무척 반갑고 기쁩니다. 세상의 수어통역사들 못지않게 교회에서도 수어통역사들이, 수어를 유창하게 구사할 수 있는 사람들이 많이 나와야 하겠습니다. 이들을 통해 하나님의 복음이 수어로 통역되고 번역되어 농인들의 구원과 신앙 성숙에 실질적인 기여가 되어야 하겠습니다. 수어를 제1언어로 사용하는 농인들에게는 수어를 통해 의사소통하는 청인들이 진정한 삶의 파트너가 되지 않을까 싶습니다. 나아가 인생의 참된 친구가 될 수 있겠지요. 문득 제가 너무 좋아하는 함석헌

선생님의 '그 사람을 가졌는가'라는 제목의 시가 떠오릅니다. 음성언어의 세계 속에서 진정한 청인 친구 하나 없는 삭막한 삶을 살아가는 농인들을 생각하게 하는 시가 아닐까 싶습니다.

"만 리 길 나서는 길 / 처자를 내맡기며 / 맘 놓고 갈 만한 사람 / 그 사람을 그대는 가졌는가 // 온 세상 다 나를 버려 / 마음이 외로울 때에도 / '저 맘이야' 하고 믿어지는 / 그 사람을 그대는 가졌는가 // 탔던 배 꺼지는 시간 / 구명대 서로 사양하며 / "너만은 제발 살아다오" 할 / 그 사람을 그대는 가졌는가 // … 중략 … 온 세상의 찬성보다도 / '아니' 하고 가만히 머리 흔들 그 한 얼굴 생각에 / 알뜰한 유혹을 물리치게 되는 / 그 사람을 그대는 가졌는가"

이번에 출간되는 〈밀알수어〉 책이 농인과 청인이 서로 참된 우정을 나눌 수 있는 친구가 되게 하는 기독교 수어교육의 초석이 되기를 소망하며 많은 분들이 이 책으로 공부하시기를 바랍니다.

2018년 11월 30일
지구촌교회 원로목사, 한국밀알선교단 이사장
이 동 원

추천의 글
(개정증보 2판)

밀알수어 개정증보 2판 「손으로 세상을 향해 말하다」 출간을 진심으로 축하드립니다.

1988년 당시 수어통역사가 희소했던 때 신학생 전도사로 예배 수어통역, 수어설교, 심방(가정, 병원, 경찰서) 등 농인이 필요로 하는 곳이면 새벽도 마다하지 않고 달려가셨던 이준우 목사님과의 인연이 벌써 30년이 되었습니다.

「손으로 세상을 향해 말하다」는 IMF 경제 불황으로 정리해고 0순위였던 농인들을 그리스도의 사랑으로 품고 일터를 만들어 일자리를 제공하며 생존의 기본이 되는 의식주를 위해 함께 고민했고, 현재도 농아부를 섬기시며, 설교 수어통역과 수어를 가르치는 교육자로서 기독교 수어통역사의 욕구와 가르치는 자와 배우는 자의 욕구를 반영하기 위해 현장에서 애쓰고 계시는 이준우 목사님과 집필진들의 농인들을 향한 마음이 고스란히 담겨 있음이 느껴집니다.

이 책이 기독교 수어통역사, 선교단체 수어통역사, 교회 수어교실 등에서 널리 쓰여 질 것으로 생각됩니다. 아울러 수어를 쉽고 재미있게 배우며 가르치고 활용할 수 있는 훌륭한 교재로 인정받을 것으로 기대합니다. 특히 예수님이 고아와 과부와 장애인과 소외된 자들을 사랑으로 만나시고 그들의 소리에 귀를 기울이시며 그들의 영혼을 구원하셨던 것처럼 이 책이 농인 선교와 기독교 수어의 좋은 길잡이 역할을 할 것이라 믿습니다.

이 책을 농인의 한 사람으로서 기쁜 마음으로 추천합니다.

화성은혜농인교회 담임목사
고 덕 인

머리말
(개정증보 2판)

세월이 참 빠릅니다. 밀알수어 개정증보판(2007년 1월 출간)이 나온 지가 벌써 10년이 더 지났습니다. 그간 한국의 농인 사회에도 커다란 변화가 있었습니다. 2016년에 한국수화언어법이 제정되고 시행되면서 다양한 측면에서 수어가 언어로서의 인정을 획득해 가고 있습니다. 청각장애를 가진 사람으로서 농문화 속에서 한국수어를 일상어로 사용하는 농인(한국수화언어법 제3조)의 언어인 수어를 하나의 제스츄어 내지 몸짓 정도로 여겨왔던 사회적 통념이 크게 바뀌고 있습니다.

전통적으로 우리나라에서 청각장애인은 청력 손실과 상실로 인해 의사소통의 장애를 갖고 있는 사람으로 주로 이해되어 왔습니다. 농인들이 사용하는 수어는 그동안 독립된 언어라기보다는 한국어를 단지 손으로 일대일 대응을 하여 표현하는 보조 수단 정도로 여겨져 왔던 것이 사실입니다. 그렇기에 이에 대한 관심이나 연구, 보급 등이 매우 제한적일 수밖에 없었습니다. 하지만 한국수어를 독립된 언어로 인정하고 이를 대한민국 농인의 공용어로 인정하는 법적 근거인 한국수화언어법이 마련됨으로써 한국 농인의 제1언어는 한국어가 아니라 한국수어임이 천명되었습니다.

이에 따라 한국사회에서 청각장애인을 위한 가장 중요한 사회적 대책은 수어를 언어로 인정하고, 삶의 여러 영역에서 수어가 사용될 수 있도록 사회적 기반을 조성해 나가는 것으로 초점지어지고 있습니다. 더욱이 청각장애인을 단지 청각에 장애가 있는 장애인으로 보려는 병리적 시각에서 탈피하여 언어적·문화적 소수집단의 한 구성원으로 이해하려는 사회문화적 관점을 반영하는 경향이 급속하게 강화되고 있습니다. 아울러 청각장애인을 '농인'이라 지칭하고, 수어를 보급하여 보다 많은 사람들이 수어를 이해하거나 사용하게끔 사회제도의 변화들도 가속화되고 있습니다.

그 결과 농인을 대상으로 하는 사회복지 정책과 제도 및 서비스 분야에서도 인권적 실천의 가장 중요한 핵심으로 농인의 언어적 권리를 보장하는 접근이 보편화되고 있습니다. 이를 테면 권리적인 차원에서의 수어통역서비스 확대와 다양한 수어 대체자료 개발과 보급, 수어교육 프로그램의 확산, 충분한 '수어 사용'이 가능한 지역사회로의 재구성 등 '청인(청각장애가 없는 사람을 농인에 상대하여 이르는 말) 중심의 사회'에 적극적으로 당당하게 통합하려는 농인들의 욕구와 요구에 대한 제도적 대응 노력이 가시화되고 있는 것을 말할 수 있습니다. 이는 농인복지의 기초가 농인의 언어적 권리를 보장해 주는 것에 있음을 의미합니다. 즉, 농인과 청인이 수어로 자유롭게 불편함 없이 의사소통을 할 수 있는 사회가 실현되게끔 하는 것이 농인복지의 궁극적 지향점이라는 것입니다.

이런 면에서 모든 국민이 수어에 대한 바른 이해를 가질 수 있도록 기회를 제공함과 동시에 수어를 교육하여 널리 보급하는 것은 농인복지의 궁극적인 목적을 달성할 수 있는 가장 기초적이면서도 보편적인 작업이라 할 수 있습니다. 바로 여기에서 수어교육의 필요성과 중요성이 크게 제기됩니다. 효과적인 수어교육을 통해 수어를 사용하는 인구가 늘어나고, 그에 따라 농인 개인과 농인 사회, 농인과 청인 간의 상호작용 장면에서 효과적으로 수어가 활용되면 궁극적으로 농인의 언어적인 의사소통의 권리가 보장될 뿐만 아니라 농인복지의 양과 질도 향상시킬 수 있게 됩니다. 그래서일까요? 최근 국립국어원의 수어 웹사전을 비롯하여 다양한 수어교육 콘텐츠들이 봇물 터지듯 개발되고 있습니다. 정말 감사한 일이고, 치하할 만한 경사입니다.

그런데 정작 교회는 어떻습니까? 과거 한국의 농인교회와 일반 교회 내의 농인 부서는 수어교육의 산실이었고, 한국 수어통역사 양성의 젖줄이었습니다. 하지만 지금은 이미 협회를 비롯하여 전문 수어교육기관 등에 주도권을 넘겨준 지 오래되었습니다. 그래도 괜찮습니다. 체계적인 수어교육을 수행하는 전문기관들이 감당하는 것은 나쁘지 않습니다. 다만 기독교 신앙에 근거한 헌신적인 기독교수어통역사들과 농인 복지선교 사역자들을 양성하는 것은 교회가 놓치거나 방임해서는 절대 안 된다는 것은 분명히 해야 합니다. 하나님의 말씀이 전해지는 의사소통 도구로서의 기독교 수어에 대한 심도 있는 연구와 이를 토대로 시행되는 수어교육은 반드시 한국교회가 감당해야 할 소중한 사역인 것입니다.

밀알수어 개정증보2판은 바로 이렇게 뚜렷한 사명감을 갖고 다시금 출간하게 되었습니다. 기존 개정증보판의 장점들과 기본적인 체계들은 그대로 살리되, 최근에 새로이 사용되는 기독교 수어 용어들과 영감어린 수어 표현들을 대폭 보강하였습니다. 특히 '수화'라는 용어 대신 '수어'로, '농아인 혹은 청각장애인'을 '농인'으로, '건청인'을 '청인'으로, '수화통역사'를 '수어통역사'로 교체하였습니다. 법적 용어로 대치한 것입니다. 물론 이번 개정증보2판 이전에 나왔던 머리말과 추천의 글에서는 부득이하게 용어들을 원래대로 하였습니다. 그 자체가 역사적인 변천을 볼 수 있을 것이라는 생각이 들었기 때문입니다.

한편, '기독교수어통역사와 농인 복지선교 사역자의 자세'라는 항목을 '권면의 글'이라는 이름으로 신설했습니다. 이를 통해 기독교 농인 복지선교 사역과 교회에서의 수어통역 활동에 헌신해야 하는 사람들이 붙잡아야 할 내용들을 구체적으로 정리하였습니다. 아마도 이 부분이야말로 이번 개정증보2판에서 추구하는 저자들의 가치와 철학이 고스란히 나타날 것으로 봅니다.

끝으로 이번 밀알 수어 개정증보2판을 출간하는데 물심양면으로 애써주신 한국밀알선교단 조병성 단장님의 관심과 애정 어린 격려와 지지가 큰 힘이 되었음을 말씀드립니다. 또한 모든 출판의 실무를 감당하셨던 박미희 간사님과 촬영과 편집 등 여러 작업의 과정에 계셨던 모든 분들께도 고마운 마음을 전합니다.

아무쪼록 이번 밀알 수어 개정증보2판을 통해 한국의 농인교회와 농인부서에 말씀의 능력이 나타나고 온전한 주의 복음이 농인들에게 전해지는 데에 도구로 쓰임 받게 될 기독교수어통역사들과 수어 사용자들이 많아지기를 소망합니다.

2018년 10월 23일
강남대학교 연구실에서
저자들을 대표하여
늘 주님 앞에서 부족한 종
이 준 우 올림

추천의 글
(개정증보판)

평소 좋아하고 아끼는 이준우 목사와 그의 제자들이 함께 노력하여 좋은 수화책을 출판한다니 매우 기쁘게 생각합니다. 그들은 모두 오랫동안 농인과 그들의 언어인 수화에 대한 남다른 애정을 가져 왔으며 하나님의 뜻인 농인선교를 위해 열심히 헌신해 왔습니다.

제가 섬기는 남서울은혜교회의 예배에는 항상 수화통역이 실시간 이루어지고 있습니다. 소리를 듣지 못하는 형제자매들을 위한 수화통역이야말로 주님의 교회에서 반드시 해야 할 소중한 사역이라고 생각합니다. 앞으로 보다 많은 교회들이 수화통역 서비스를 제공할 수 있어야 할 것입니다. 수화통역을 통해서 주님의 말씀을 접하고 그 말씀의 씨앗이 자라나 신실한 믿음의 일꾼으로 성장해가는 많은 농인들을 볼 때마다 수화통역 사역의 중요성을 분명하게 느끼게 됩니다.

가끔 교회에서 수화로 즐겁게 대화하며 활짝 웃는 농인들을 만날 때면 저도 모르게 다가가 함께 얘기하고 싶을 때가 있습니다. 그 때마다 수화를 배워야

지 하는데 그게 뜻대로 잘 안됩니다. 이번에 밀알선교단출판부에서 나오는 「밀알수화」책은 꼭 읽고 열심히 공부해보려고 합니다. 저자들을 신뢰(?)하니까 잘 될 것으로 봅니다.

「밀알수화」책을 만드신 저자들 모두 수화에는 일가견이 있는 분들이며 그분들은 또한 주님의 사람들입니다. 농인을 사랑하는 마음으로 수화를 배워서 이제는 유창한 통역으로 남다른 농인 사랑을 실천하는 분들입니다. 그리고는 그 사랑의 실천을 함께 하자고 수화 학습서를 이렇게 세상에 내놓은 것입니다. 더욱이 수화를 처음 배우시는 분들의 입장을 충분히 고려하여 재미있고 알기 쉬운 책이 되도록 노력했다니 더더욱 기대가 큽니다.

이렇게 좋은「밀알수화」책을 많은 분들이 활용하셔서 수화를 통해 농인들을 만나고 사랑으로 섬기는 아름다운 일들이 많아졌으면 합니다. 특히 한국교회와 성도들이 수화 배우는 일에 앞장서서 농인과 청인이 함께 예배하며 신앙생활하는 일이 특별한 것이 아니라 보편적인 현상으로 정착되었으면 합니다.

우리 사회가 청각장애에 열린 시각을 갖고, 농인이 자유롭게 정보를 접하며 청인과 함께 어울릴 수 있는 사회가 형성되며, 청각장애와 수화에 대한 이해의 폭이 넓어지고 수화통역의 전문성이 신장되는 데 이 책이 일조(一助)할 수 있기를 바라며 자신 있게 추천합니다.

2007년 1월

남서울은혜교회 담임목사 , 한국밀알선교단 이사장
홍 정 길

머리말
(개정증보판)

    농인은 청각장애와 이로 인한 정보장애까지 안고 산다. 결국 들리지 않는 그 자체보다는 그것으로 인해 생기는 정보의 부족과 사회자원으로의 접근 기회가 차단되는 결과에 직면할 경우가 빈번하여 사회생활을 하는 데 불이익을 초래하는 것이 큰 문제가 된다. 즉 정보의 장벽이 농인의 삶에 가장 큰 장애 요소로 작용한다는 것이다. 더욱이 교회는 실질적이며 다양한 영적 정보를 창출하여 기독교 신앙을 형성하고, 많은 이들에게 복음을 전파하는 것을 중요한 사명으로 여기고 있다. 교회마다 예배당과 교육관에 큰돈을 들여 음향과 영상시설을 정비하고 지속적으로 보완해나가는 것도 따지고 보면 영적 정보를 교인들에게 효과적으로 전달하기 위해서일 것이다.

    하지만 소리를 듣지 못하는 농인에 대해서는 그동안 교회가 너무도 무관심해 왔던 것이 부인할 수 없는 사실이다. 영락농인교회를 시작으로 60여 년 동안 농인선교와 목회가 이 땅에서 수행되어 왔지만, 청인과 농인 간의 벽을 허물고 진정으로 통합된 환경 속에서 복음 사역이 이루어지지는 못해 왔다고 본다. 사회에서만이 아니라 교회에서조차 철저히 소외된 농인들에게 가장 필요한 것은 구원의 복음인 영적 정보가 효과적으로 전달되어야 한다는 점이다. 영적 정보를 포함한 각종 정보의 장벽을 없애기 위한 방법으로는 청각이나 독화를 활용하는 구화나 필담, 각종 정보 보장기구를 활용하는 의사

전달 지원서비스를 이용하는 것 등을 들 수 있다. 사용가능한 정보보장 수단으로서는 수화통역사, 속기사, 컴퓨터 요약 지원인, 노트 테이킹 등을 예로 들 수 있으며 이것들을 특성에 따라 나눠 사용하는 것이 중요할 것이다.

그러나 예배나 집회 등에서 언어사용이 많은 경우 구화나 필담은 유용성이 낮고, 수화통역사에 의한 지원이 가장 절실하게 필요하다. 특히 수화통역은 많은 유익한 점이 있다. 첫째, 수화통역은 집단 장면이나 즉시성이 요구되는 장면에 유용하며, 둘째, 메시지의 내용을 농인에게 말의 뉘앙스를 포함하여 충실하게 전달할 수 있고, 셋째, 농인의 우리 말 사용 능력에 관계없이 수화를 구사할 수 있으면 충분히 적용할 수 있다. 결국 수화는 많은 농인의 가장 익숙한 언어이고, 이른바 모어라고 말할 수 있다. 앞으로 첨단 정보기기의 개발이 발전하여 실용화된다고 하더라도 농인에게 있어서 수화통역의 중요성은 줄어들지 않을 것이라고 본다.

이렇게 볼 때, 효과적인 수화통역은 농인의 삶을 지원하는 매우 중요한 보조도구 역할을 할 뿐만 아니라 농인 선교와 복지에도 핵심 요소라고 판단된다. 급속한 변화를 거듭하고 있는 속도의 시대인 현대사회 속에서 살아가는 농인들에게 양질의 신선한 영적 정보를 잘 전달하기 위해서는 유능한 기독교 수화통역사들을 양성해야 할 것이다. 이런 점에서 한국밀알선교단에서 그 동안 발간해 왔던 「밀알수화」는 큰 역할을 해왔다고 본다. 수많은 교회와 기독교 단체에서 「밀알수화」를 교재로 사용하여 유능하고 신실한 기독교 수화통역사들을 배출하였다.

최근 공인 수화통역사 제도가 시행되고, 교회와 기독교 단체 등에서도 많은 사람들이 수화를 배우고자 수화교실로 몰려들고 있는 것은 매우 고무적인 현상이다. 또한 기초 수준의 수화 책도 대략 40여종이 출판되어 그야말로 수화 배우기 열풍이 전국적으로 확산되고 있는 듯하다. 그러나 수화를 언어로 보며 언어교육적인 접근을 토대로 한 수화교재는 거의 없는 실정이다. 쉬우면서도 제2언어 교육 방식을 채택하고, 동시에 기독교 수화용어가 강화된 수화교재가 교회와 기독교 단체에 절실하게 필요한 상황이라고 본다. 이와 같은 요구에 부응하고자 새로운 「밀알수화」 책이 기획되고, 대략 1년간의 제작의 과정을 거쳐 이제 이렇게 세상에 나오게 되었다.

이번에 새로 개정된 밀알수화는 수화초보자를 위한 수화 책이다. 그러면서도 탁월한 기독교 수화통역사로 가기 위한 소중한 첫걸음이 되게끔 하였다. 기초를 튼튼하게 배워야 하기에 기독교 수화 어휘를 대폭 포함해서 꼭 필요하고 알기 쉬운 수화로 구성하였으며, 뿐만 아니라 그동안 「밀알수화」 책을 사용했던 전국 각지의 수화교실에서 수화를 배운 많은 사람들의 의견을 충실하게 반영하여 농인을 모델로 하여 수화의 표정을 그대로 살려서 생동감 있는 수화책으로 구성했다. 그리고 농인 문화를 잘 알 수 있도록 TIP 코너를 재미있게 만들어 처음 수화를 배우는 이들이 알기 쉽게 배울 수 있도록 배려하였다. 그래서 이전의 「밀알수화」 보다는 책의 내용이 한층 더 짜임새 있게 보완되었다고 자부한다.

더욱이 이번에 함께 집필진으로 참여한 공동 저자들과 수화 모델은 모두 사제지간(이준우 교수 - 홍유미·남기현·김동한 선생, 황신애 학생)이며 동시에 농인선교의 동역자이어서 금번에 출간되는 「밀알수화」는 이래저래 저자들에게도 의미 있는 책이라고 할 수 있다.

이제 마지막 탈고를 하며 서문을 쓰려니 책이 나오기까지 도움이 되어 주셨던 고마우신 분들이 생각난다. 밀알선교단의 이사장이시며 남서울은혜교회의 담임목사로서 우리나라 농인선교를 활성화시키는 데 물심양면으로 지원을 아끼지 않으신 홍정길 목사님, 그리고 우리 공동저자들이 지금까지 성장하게끔 사랑과 관심으로 지지해준 수많은 농인들과 수화를 배웠거나 배우는 중인 제자들, 한국밀알선교단 대표이신 차영동 목사님과 모든 간사님들께 뜨거운 감사를 드린다.

끝으로 이 모든 일을 이루어주신 하나님께 영광과 감사와 찬양을 올려 드린다.

2007년 1월
저자 대표 **이 준 우**

권면의 글

기독교수어통역사와 농인복지선교사역자의 자세

1. 기독교수어통역사와 농인 복지선교 사역자는 성숙한 그리스도인으로 자라가야 한다.

기독교수어통역사와 농인 복지선교 사역자는 농인의 삶에서 해결책의 일부가 되어야지 문제의 일부가 되어서는 안 된다. 조심스럽지만 농인 복지선교 현장에 의외로 "문제 있는 사역자"들이 곳곳에서 "활동" 하고 있다. 바꾸어 말하면 그들은 음성언어 중심의 사회에서 농인의 음성언어적인 장벽을 이용하여 자신들의 이익을 추구하며 자기만족을 채우고 있다. 그러므로 기독교수어통역사와 농인 복지선교 사역자는 신실하고 헌신적이며 예수 그리스도의 '제자도'에 열성적이어서, 받기보다는 주기를 더 바라고 있어야 한다. 그렇게 해야만 그들을 통해 주의 복음이 온전하게 전해질 수 있고 이로 인해 지역사회 내의 농인 시민들을 예수 그리스도에 대한 소중한 지식과 접하게 해줄 수 있게 된다.

2. 기독교수어통역사와 농인 복지선교 사역자는 농인을 사랑하는 사람이어야 한다.

여기에서의 사랑은 자선적이거나 시혜적인 동정이 아니다. 인권을 보장하는 사랑을 말한다. 이 사랑은 섬김과 나눔에 대한 대가를 기대하지 않는 전적인 사랑이다. 그것은 예수님께서 이미 그리스도인들에게 주셨던 풍요로운 삶의 불에 연료를 대어주는 바로 그 사랑과 같다. 즉, 모든 그리스도인들이 모든 곳의 사람들에게 실천해야 하는 일상적인 섬김의 연료를 공급해주는 바로 그 사랑이다. 이 사랑은 모든 그리스도인의 삶의 핵심이 되어야 한다. 사람을 존중하며 동등한 입장에서 사랑하는 권리적인 사랑이다. 가령 청인이 수어를 배우고 농인들과 함께 믿음 생활을 하게 되면 농인들은 청인이 왜 여기에 와 있는지를 알아내려고 한다. 분명히 무언가 꿍꿍이 속셈 같은 것이 있으리라는 예상을 할 때가 빈번하다. 청인이 농인들에게서 얻어내려고 하는 것이 무엇일까? 오직 "사랑"이다. 청인이 수어통역을 하거나 농인 사역을 수행함에 있어서 유일한 동기는 사랑뿐이라고 농인들을 납득시키는 데에는 오랜 시간이 필요하다. 순수한 동기를 입증하는데 수년에 걸친 꾸준한 사랑이 지속적으로 나타나야 할 수도 있다. 하지만 결국 농인 사역의 중요한 부분은 먼저 그리스도인이 되어 섬기는 우리를 사랑하지 않을지도 모르는 농인 혹은 청인을 사랑할 수 있어야 한다는 것이다.

3. 기독교수어통역사와 농인 복지선교 사역자는 수어에 관한 철저한 지식을 갖추어야 한다.

기독교수어통역사와 농인 복지선교 사역자는 복음의 내용과 교회로부터 나오는 다양한 영적 정보 등을 정확하면서도 효과적으로 전달할 수 있어야 한다. 그러나 이는 수어에 능숙하지 않은 기독교수어통역사와 농인 복지선교 사역자들이 쉽게 할 수 없는 부분이다. 하지만 기독교수어통역사와 농인 복지선교 사역자가 이러한 어려움을 이겨내고 수어를 능숙하게 구사할 수 있는 능력을 갖출 때, 농인들은 편안함 속에 자존감이 향상되고, 삶에 자신감을 갖게 되는 변화가 일어난다. 이것이 기독교수어통역사와 농인 복지선교 사역자가 수어를 유창하게 사용해야 하는 중요한 이유다. "통역"은 수어에 의하여 다른 사람의 진술을 "설명하는 것"이라고 할 수 있다. 농인을 대상으로 수어통역을 수행하는 기독교수어통역사나 직접적으로 수어를 사용함으로써 활동하는 농인 복지선교 사역자는 그 사역의 기본적인 한 측면으로서 예배할 때나, 교회 행사에서, 그리고 신앙교육의 현장 등에서 수어통역을 맡도록 요청 받을 수도 있을 것이다. 이때 농인이 분명하고 신속하게 수어통역의 내용을 이해하는 것이 중요하며, 이러한 정확한 이해를 바탕으로 복음의 진리는 농인의 심령에 역사하게 될 것이다. 그리고 이를 통해 농인은 그리스도인으로 성숙해 갈 것이다.

4. 기독교수어통역사와 농인 복지선교 사역자는 농인에 관한 철저한 지식을 소유하고 있어야 한다.

음성언어가 아닌 수어로 전하지 않으면 복음을 접할 수 없는 사람들이 농인들임을 이해하고 있어야 한다. 그러므로 기독교수어통역사와 농인 복지선교 사역자는 지역사회의 농인 모두가 예수 그리스도에 관하여 알도록 보장해 주고, 그들 각자가 그리스도의 제자, 한 사람의 그리스도인 그리고 교회공동체의 한 식구가 될 수 있는 기회를 제공해야 한다. 아울러 농인 사역은 대체로 "장기적 안목"의 사역임도 알고 있어야 한다. 농인들 안에 견실한 사역의 터를 닦는 데에만 5년이 걸릴 수도 있고 10년이 소요될 수도 있다. 인터넷이나 SNS, 나아가 지역사회의 여러 통로를 통해 농인을 위한 새로운 교회 사역의 프로그램을 알린다고 해서 농인들이 떼를 지어 교회로 몰려들지 않는다는 사실도 인식해야 한다. 이미 여러 교회에서 농인들을 위한 수어 예배와 신앙교육 또는 수어통역 등이 시작되었어도 하루아침에 농인들이 늘어나지 않는 다는 것을 발견하게 된다. 실망과 인내가 주일마다 되풀이 될 것이다. 이것이 농인의 특성이 반영된 농인 사역의 진면목이다. 이와 같은 농인과 관련된 상황을 구체적으로 알고 있을 때, 농인 사역을 감당하는 농인 및 청인 목회자 들과 기독교수어통역사들, 섬기는 일군들이 끈기와 인내심, 그리고 비전을 놓치지 않을 수 있다. 그래야만 농인들도 교회공동체의 식구라는 그리고 그들이 하나님 아버지와 맺을 수 있는 관계의 아름다움에 대하여 배울 수 있게 되는 것이다.

5. 기독교수어통역사와 농인 복지선교 사역자는 영성적 윤리 원칙을 갖고 있어야 한다.

예를 들면 다음과 같은 영성적 윤리 원칙을 제시해 볼 수 있다.

첫째, 성경 읽기와 묵상과 기도를 포함하는 충분한 신앙생활을 개발하는 것은 기독교수어통역사와 농인 복지선교 사역자의 기본적인 의무이자 책임이다.

둘째, 개인의 적절한 신체·정서적 상태를 유지하는 것은 기독교수어통역사 와 농인 복지선교 사역자에게 대단히 중요한 의무이자 책임이다.

셋째, 수입 범위 내에서 생활하며 빚을 지지 않는 것이 의무이자 책임이다.

넷째, 기독교 신앙과 영성, 교회와 관련된 여러 정보들을 전달해야 하는 사역의 분야에 관련된 자료들을 읽고 연구함으로써 자기 자신의 특화된 사역 방법을 유지하며, 자신의 활동분야에서 성장하고자 최선의 노력을 하는 것이 기독교수어통역사와 농인 복지선교 사역자의 책임이자 의무이다.

다섯째, 기독교수어통역사 혹은 농인 복지선교 사역자로서, 활동하는 교회 에서 정직한 시간 수행을 통해 완전한 섬김과 나눔을 실천한다.

여섯째, 사역의 대상인 사람들의 지위가 높건 낮건, 모든 사람들에 대한 자신의 태도와 행동에 있어서 그리스도를 닮는 것이 기독교수어통역사와 농인 복지선교 사역자의 의무이다.

 일곱째, 사역의 과정에서 알게 된 모든 은밀한 개인적 고백은 결코 누설하지 않는 것이 기독교수어통역사와 농인 복지선교 사역자의 의무이다.

 아홉째, 교회 내에서 발생할 수 있는 갈등이나 다툼에서 철저한 중립을 지켜야 하며 그와 같은 일에 휩쓸리지 않도록 주의하는 것이 기독교수어통역사와 농인 복지선교 사역자의 의무이다.

 열 번째, 모든 사역이 하나님의 부르심에 의한 소명에 의한 것임을 잊지 않는 것이 기독교수어통역사와 농인 복지선교 사역자의 의무이다.

[밀알**수어**]
기독교 수어통역사를 향한 첫걸음

일러두기 1

이 책에 들어가며

● 이 책은 단어중심의 학습법에서 탈피하고 언어의 진정한 목적인 의사소통의 기능을 배양하기 위해 "대화 중심"의 형태를 취하였습니다.

● 한국어와 한국수어의 일대일 대응이라는 기존의 음성언어 중심에서 수어로 무게중심을 옮겨 순수한 한국수어를 배울 수 있도록 하였습니다.

● 한국어 문장에 대한 수어문장은 한국어의 문장에 매이지 않고 농인들이 일상생활 속에서 사용하는 표현들로 구성하였습니다.

● 이 점을 위해 원어민 화자인(NATIVE SIGNER) 농인이 집필에 함께 하였고 얼굴표정과 수어의 정확성을 생생하게 전달하기 위해 언어모델을 농인들로 하였습니다.

● 수어에서 중요한 것은 얼굴 표정입니다. 따라서 기존의 「밀알수어」가 고수하던 그림 패턴을 과감히 벗어버리고 미세한 얼굴표정과 몸의 자세 등을 기술하기 위해 사진으로 제작하였습니다.

일러두기 2

구 성

● 각 과는 두 명의 농인 대화자가 특정 주제를 가지고 나누는 대화를 중심으로 이루어집니다. 주제에 따라 더 확장할 수 있는 어휘는 보충단어로 제시하였습니다.

● 각 과의 마지막에는 TIP 코너를 두어 〈농인 에티켓〉, 〈농인 문화〉, 〈비수지신호〉 등을 소개하였습니다. 아울러 그림으로 제작하여 낯선 농인의 문화에 보다 친숙하게 다가갈 수 있도록 하였습니다.

● 대화에 나오는 수어는 찾아보기를 두어 수어에 쉽게 검색하도록 하였습니다.

● 기존의 수어를 말로 설명하는 방식을 벗어버리고 여러 장의 사진으로 해당 수어를 정확하게 인지할 수 있도록 하였습니다. 단 수어의 움직임은 화살표로 제시하였습니다. 수어단어는 한손과 혹은 양손으로 움직입니다.

● 기독교 수어통역 현장에서 빈번하게 활용할 수 있는 성경 용어들을 집대성하여 '부록'에 실었습니다. 특히 주기도문과 사도신경은 다양한 표현들을 소개하였습니다.

Guide
수어를 정확하고 쉽게 알 수 있는 기본 가이드

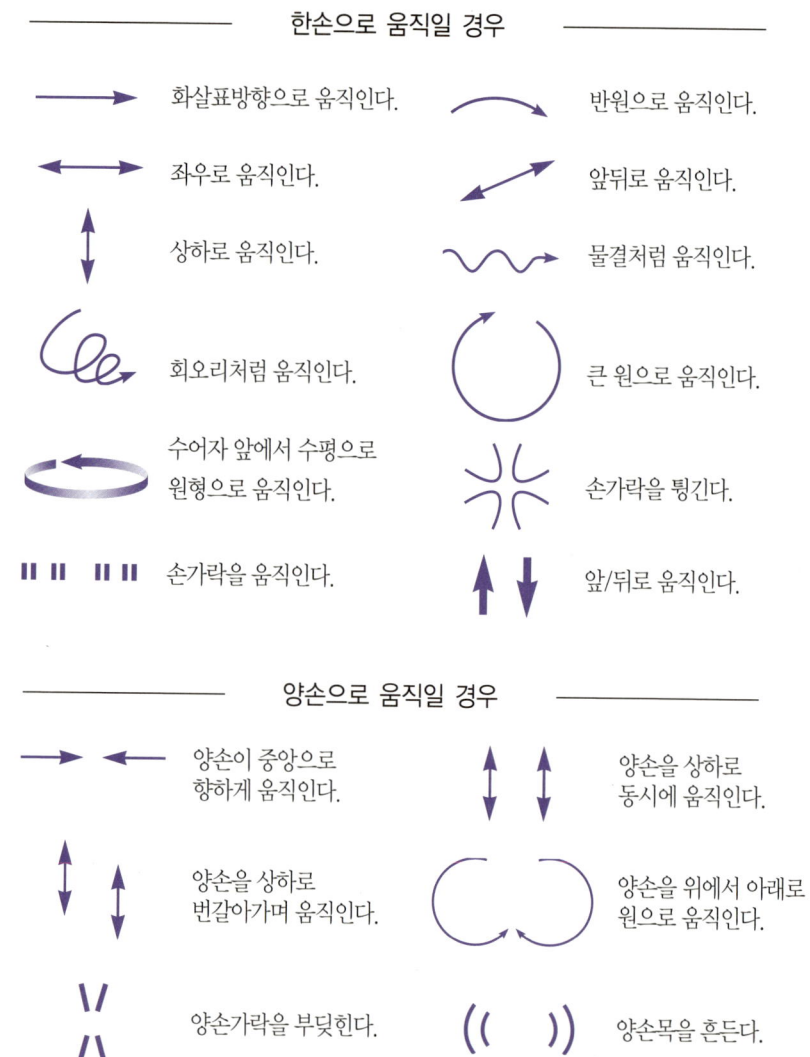

[밀알수어]
기독교 수어통역사를 향한 첫걸음

Contents

- 01 + 지문자 ······ 030
- 02 + 소개 ······ 036
- 03 + 가족 ······ 046
- 04 + 지숫자 ······ 058
- 05 + 직업 ······ 062
- 06 + 경제생활 ······ 070
- 07 + 교통 ······ 082
- 08 + 컴퓨터 ······ 090
- 09 + 시간 ······ 102
- 10 + 자연 ······ 112
- 11 + 여가 ······ 122
- 12 + 학교 ······ 138
- 13 + 기독교1 ······ 148
- 14 + 기독교2 ······ 164
- 15 + 의료 ······ 176

부록1
- 주기도문(개역한글) ······ 186
- 사도신경(개역한글) ······ 202

부록2
- 성경목록(구약) ······ 224
- 성경목록(신약) ······ 239
- 주기도문(새번역) ······ 253
- 사도신경(새번역) ······ 268

- 찾아보기 ······ 290
- 밀알선교단 소개 ······ 297

TIP
- 035 지문자를 이용한 수어
- 044 수어이름
- 056 비수지신호
- 061 혼동되기 쉬운 수어 단어들
- 081 시각문화
- 100 농인에티켓
- 147 농학교
- 162 수어로 풀어보는 퍼즐

PART 1
지문자

지문자_**자음**

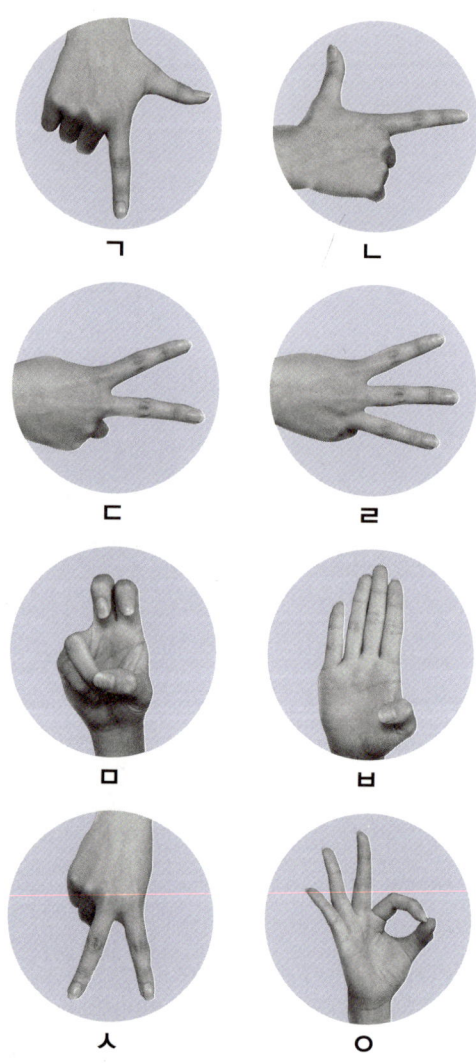

지문자_**자음**

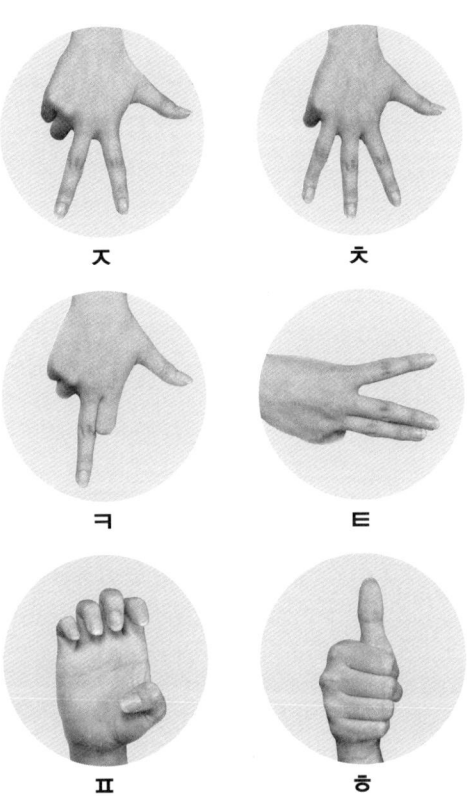

지문자_모음

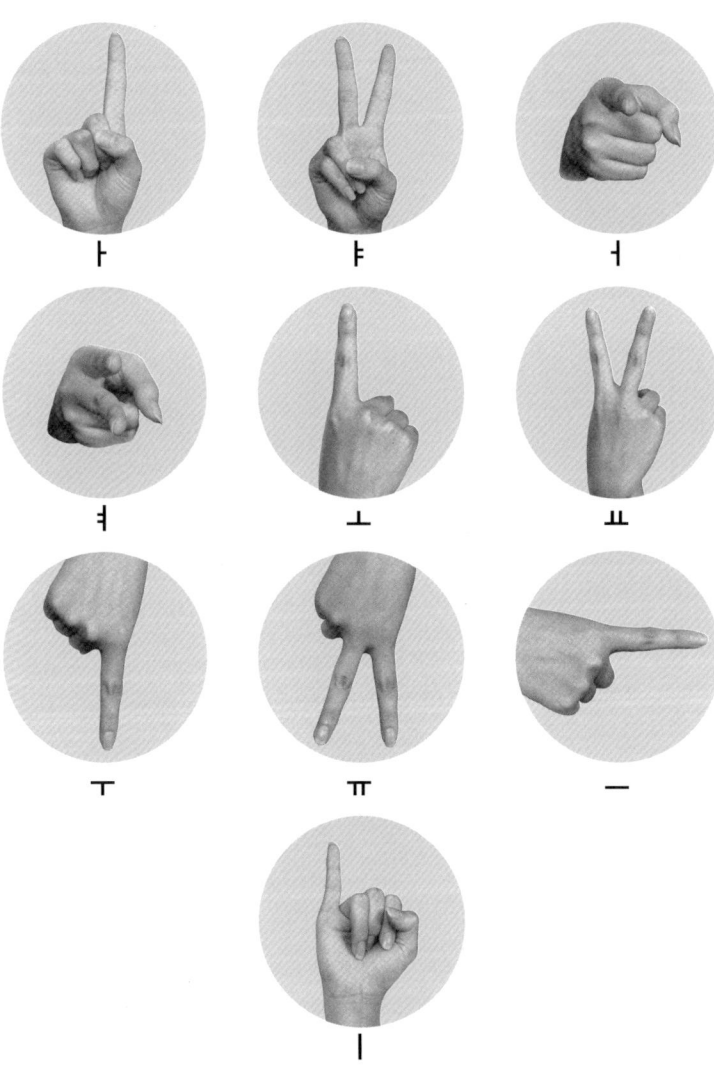

지문자_**이중모음**

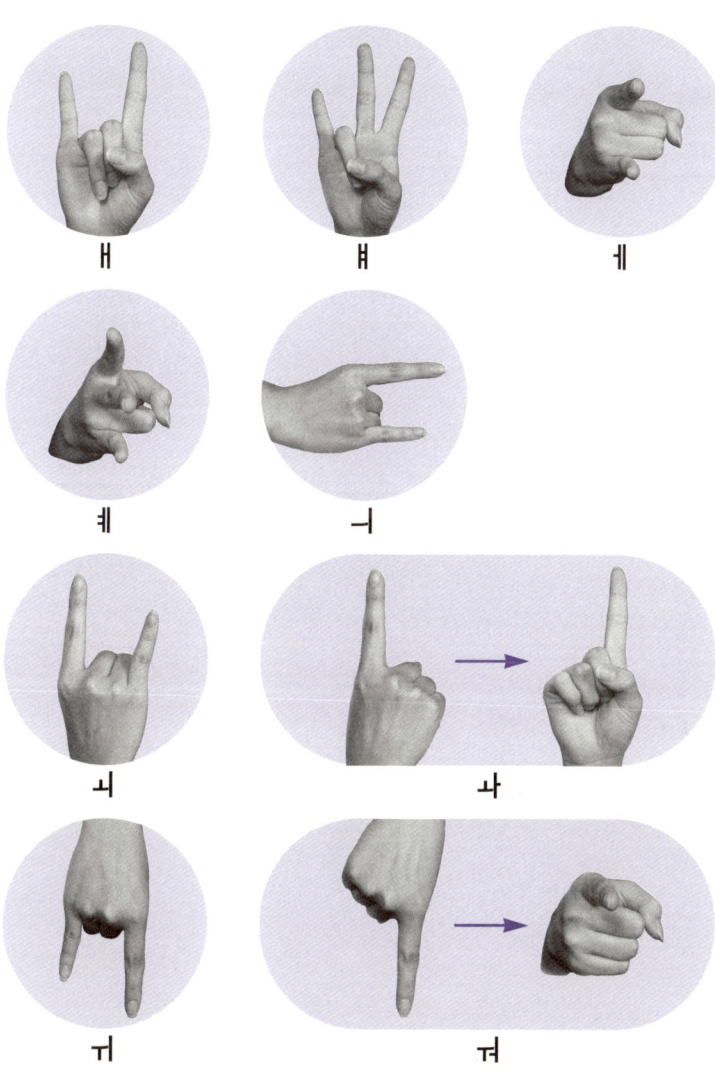

지문자_**복자음**

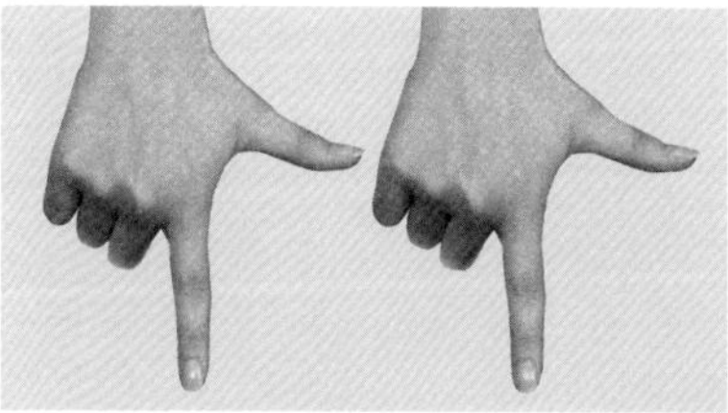

ㄲ

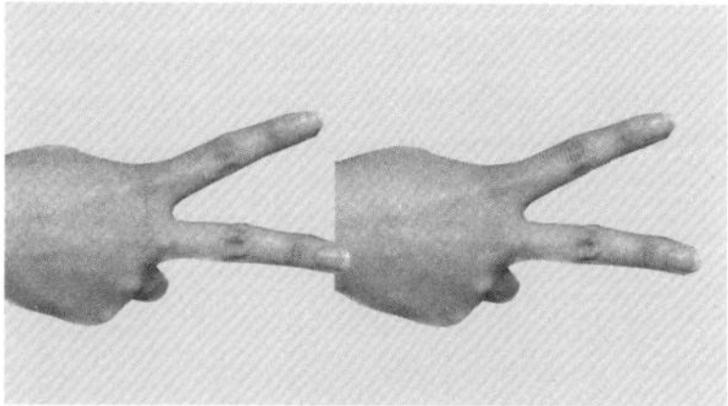

ㄸ

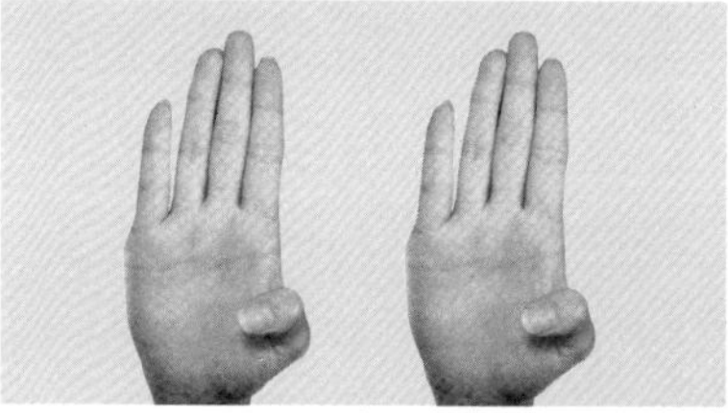

ㅃ

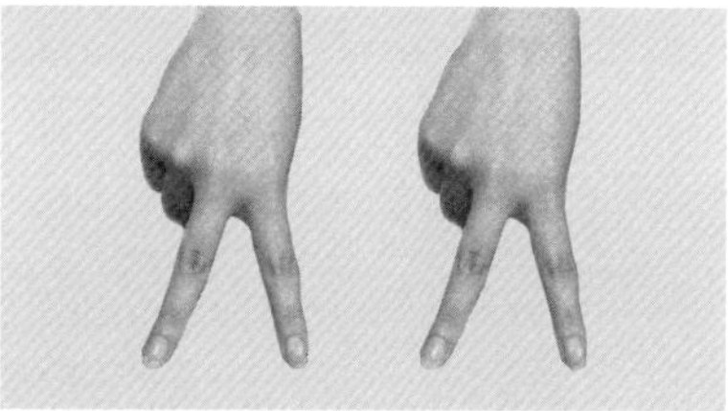

ㅆ

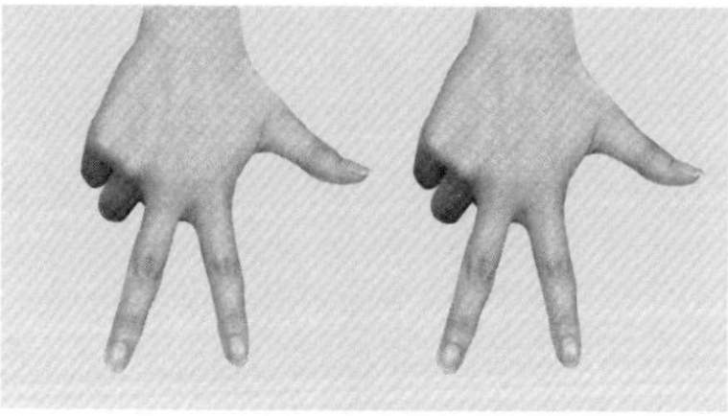

ㅉ

―― 지문자 자음과 모음을 이용해 연습해 보세요 ――

가위, 오리, 아버지, 기차, 파도, 게맛살
월요일, 왕자, 행사, 예절, 꽃, 따오기, 빨래, 햅쌀, 짬뽕

TIP
지문자를 이용한 수어

[예 / 우유 / WC / TV / OK]

수어에는 지문자를 이용한 수어단어가 있습니다. 한국수어 지문자를 이용하거나 미국 수어 지문자를 이용한 경우입니다. 몇 가지 예를 들어보면 먼저 한국수어 지문자를 이용한 경우는 〈예〉와 〈우유〉입니다. 〈예〉는 얼굴 옆에 'ㅖ'를 위치함으로써 얼굴의 형태에서 'ㅇ'과 손가락 'ㅖ'와 합쳐져 '예'를 합성합니다. 〈우유〉는 왼손 'ㅇ' 아래에 오른손으로 모음인 'ㅜ' 'ㅠ'를 차례로 합치면 됩니다. 그리고 미국수어 지문자를 이용한 경우는 화장실을 의미하는 WC(Water Closet)와 TV(Television), OK(Okey) 인데 이것들은 음성언어에서도 흔히 쓰는 표현입니다. 알파벳 철자의 첫 글자를 손가락으로 씀으로써 수어 단어를 표현합니다.

PART 2

소개

소개하기
[첫만남]

안녕하세요. 만나서 반갑습니다.
제 이름은 ㅇㅇㅇ입니다.

저는 ㅇㅇㅇ라고 해요.
친구 소개로 만나게 되어 기뻐요.

저는 ㅇㅇㅇ에 살고 있습니다.
당신의 집은 어디입니까?

에! 저와 같은 동네에 사시는군요.
친하게 지냈으면 좋겠어요.

TALK

안녕하세요.

만나서
반갑습니다.

제 이름은
황신애 입니다.

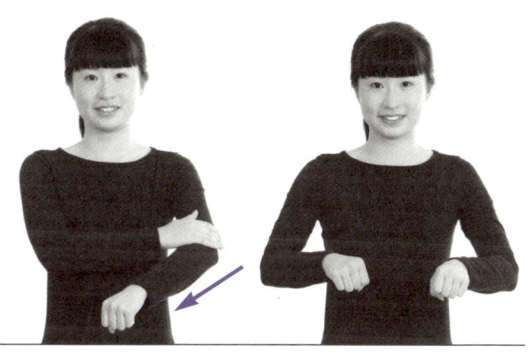
안녕하세요

만나다

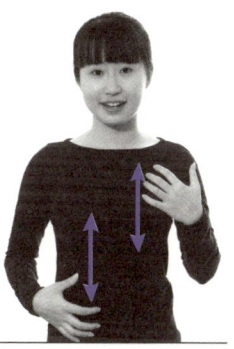
반갑다

나

이름은

황신애

| 나 | 이름 | 김동환 |

저는
김동한입니다.

친구 소개로
만나게 되어
기뻐요.

| 친구 | 소개 |

| 만나다 | 기쁘다 |

저는
서울에 살고
있습니다.

당신의
집은
어디입니까?

나

서울

살다

당신　　　　집　　　　무엇　　　　장소

어! 저와
같은 동네에 사시는군요.

친하게 지냈으면
좋겠어요.

어!　　　　저와

집　　　　　　　가깝다

(여러번)

만나다

보충단어

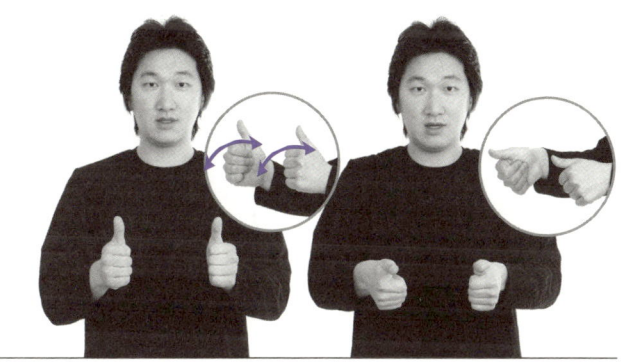

인사

고맙다

미안하다

보충단어

헤어지다

누구

무엇

또

있다   없다

알다

모르다 ①   모르다 ②

TIP
[수어이름]

농인들은 상대방의 이름을 부를 때 지문자를 사용하여 이름을 부르지 않습니다. 지문자를 일일이 사용하여 부르는 것은 매우 번거로운 일이므로 상대방의 얼굴이나 신체적 특징을 나타내어 이름을 부르는데 이것을 수어이름이라고 합니다. 수어이름은 예를 들면 '이마에 점 있는 남자', '안경 쓴 남자', '웃는 여자', '키 큰 남자' 등이 있습니다. 특이한 점은 수어이름을 표현할 때는 의미를 나타내는 신체적 특징과 '남, 녀'라는 성별 구별을 해줍니다. 농 사회에 속해있는 사람들은 두 개의 이름을 가지고 있는 것입니다. 또한 농인들은 수어이름을 사용하여 상대방을 기억하기 때문에 실제 이름보다는 수어이름을 더 잘 기억하고 있으며 이것 또한 농사회를 나타내는 하나의 문화적 특징이기도 합니다.

이마에 점이 있는 남자

안경 쓴 남자

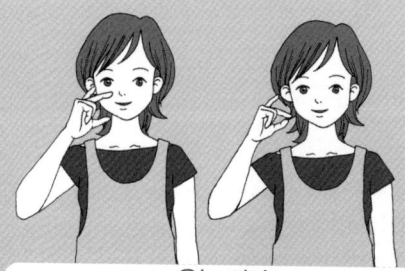
웃는 여자

키 큰 남자

TIP
[성경인물의 수어이름]

PART 3
가족

가 족
[가족소개]

저의 가족을 소개하고 싶어요.
저는 할아버지 할머니, 부모님과
함께 살고 있고요
제 형제는 형, 누나, 저 이렇게 셋입니다.
제가 막내이지요.

막내라서 귀여움을 많이 받으셨겠네요.
저의 가족은 엄마와 저
그리고 여동생 두 명 이렇게 4명입니다.
제가 장녀예요.
저희 자매들은 아주 화목해요.

TALK
저의
가족을
소개하고 싶어요.

나

가족

소개   원하다

48 — 손으로 세상을 향해 말하다

TALK
저는
할아버지, 할머니,
부모님과
함께 살고 있고요.

할아버지

할머니

부모님   있다

형(첫째)   누나(둘째)

 TALK

제 형제는
형, 누나,
저 이렇게 셋입니다.
제가 막내이지요.

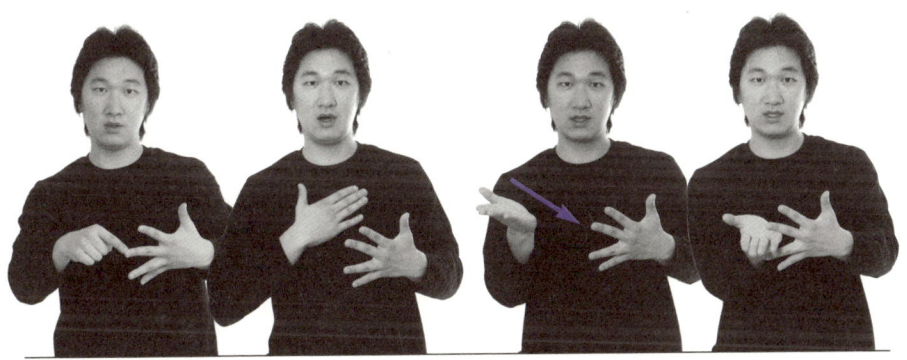

나(셋째)   나   끝

나   막내

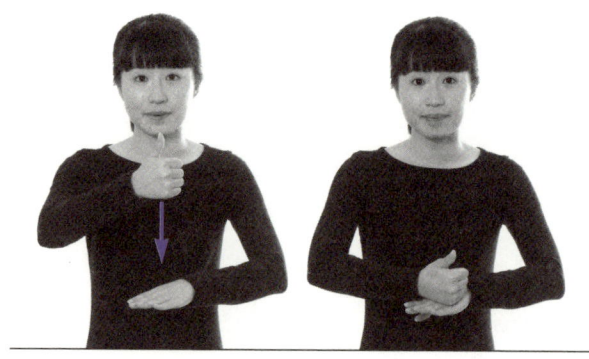

막내

 막내라서
귀여움을
많이 받으셨겠네요.

귀엽다

많다

 저의 가족은
엄마와 저
그리고 여동생 두 명
이렇게 4명입니다.

엄마

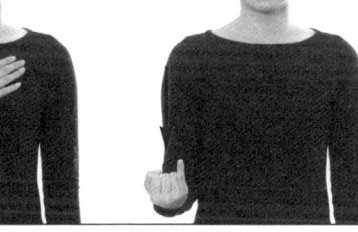

나　　　　　　여동생　　　　　　둘

모두　　　　　　　　　　넷

제가 장녀예요.
저희 자매들은
아주 화목해요.

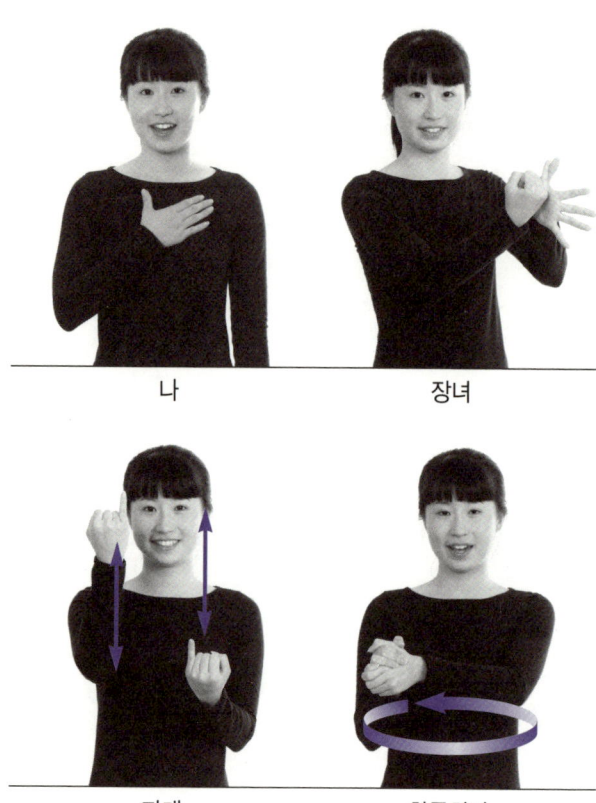

나   장녀

자매   화목하다

사람

노인

아빠

보충단어

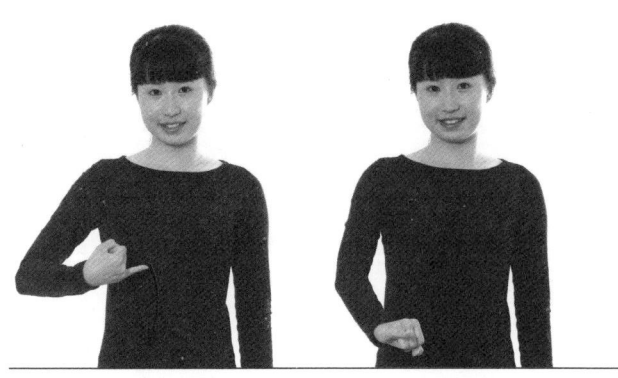

딸

아들

형제　　　　　　　어린이

보충단어

낳다

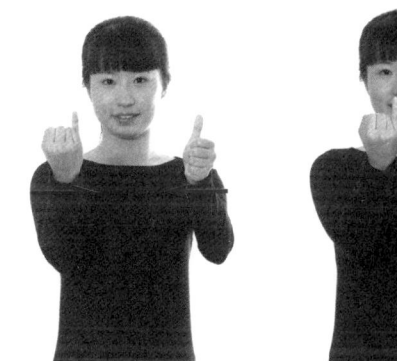

결혼

함께   행복

TIP

[비수지신호 1]

감정상태를 얼굴표정으로 표현해볼까요

한국어에 억양, 말투, 악센트가 있는 것처럼 수어에는 머리를 움직이고, 표정을 짓고 눈썹, 눈, 입 모양에 변화를 줌으로써 의미를 표현합니다. 물론 수어단어는 손으로 만들어지지만 손으로만 수어를 한다면 마치 로봇처럼 딱딱한 느낌을 주고 수어의 맛도 없을 것입니다. 수어와 함께 표현되는 머리, 눈, 입, 몸의 다양한 요소들을 비수지신호라 하는데 감정을 나타내기도 하고 형용사와 부사, 의문문, 부정문, 긍정문 등의 문법적 기능을 담당하기도 합니다. 먼저 놀람, 공포, 기쁨, 증오, 행복, 슬픔처럼 우리의 감정상태를 얼굴 표정으로 표현해 볼까요?

놀람   기쁨   슬픔   실망

[비수지신호 2]

비수지신호로 문장을 표현해봐요.

1. 궁금한 게 많다고요? *의문표현

우리는 대화를 묻고 대답하는 것이 대부분을 차지할 만큼 서로에 대해 궁금한 것이 많습니다. 얼굴을 내밀고, 눈을 크게 뜨면서 〈무엇〉이라는 수어를 해보세요.

비수지신호
(Non-Manual Signals)

2. 누구시더라 *의문표현
아는 사람 같기도 한데, 도무지 생각이 안난다고요? 무지 답답하지요. 이때는 상대가 누구인지 물어보는 얼굴표정이 중요합니다. 눈을 가늘게 뜨고 고개를 약간 옆으로 젖혀서 수화해 보세요. 수어에서 의문을 나타내는 문법적 표지는 얼굴표정으로 대신합니다.

3. 우아... 대단하다 *감탄표현
수화 공부를 함께 시작한 친구의 수어실력이 하루가 다르게 발전하고 있을 때 이렇게 칭찬해주세요. 감탄의 얼굴빛을 띠며 입은 와하고 벌립니다.

4. 그래 맞아 *긍정표현
친구의 말에 맞장구칠 때는 〈맞다〉수어를 하면서 동시에 눈썹은 올렸다 내리고 머리를 위아래로 끄덕입니다. 이때 친구의 얼굴을 바라보며 이야기하는 걸 잊지 마세요.

5. 아닌 것 같은데요 *부정표현
도무지 믿을 수 없다구요? 그럼 자신의 의사를 정확히 상대에게 전달하세요. 고개는 약간 옆으로 기울이고 눈은 가늘게 뜨고요 〈아니다〉 수어를 해보세요.

PART 4
지숫자

지숫자

1	 2	 3
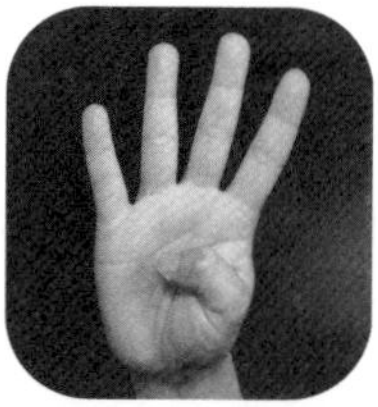 4	 5	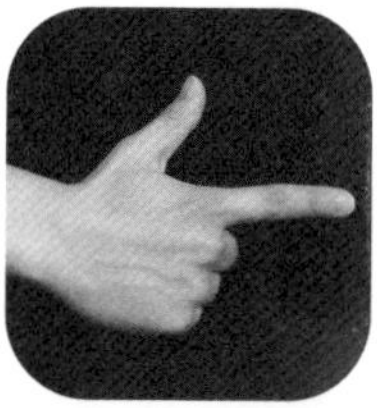 6
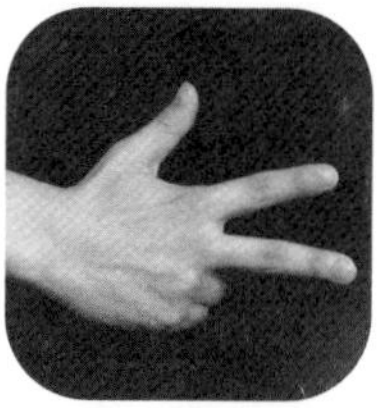 7	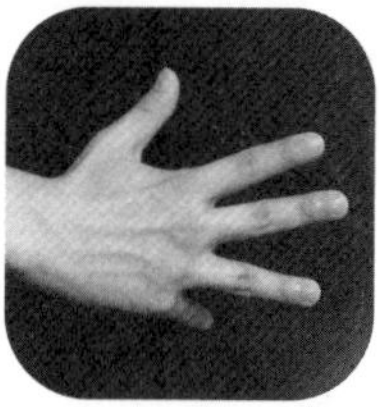 8	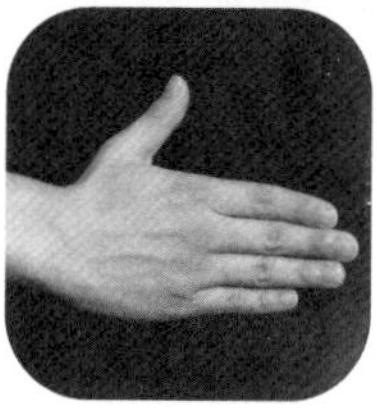 9
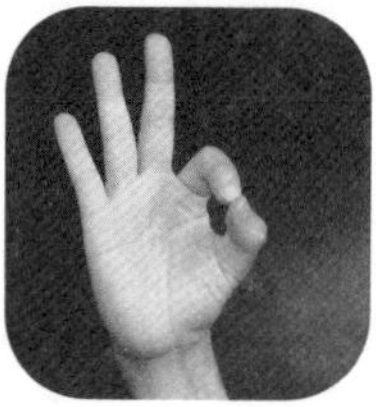 10①	 10②	

지숫자

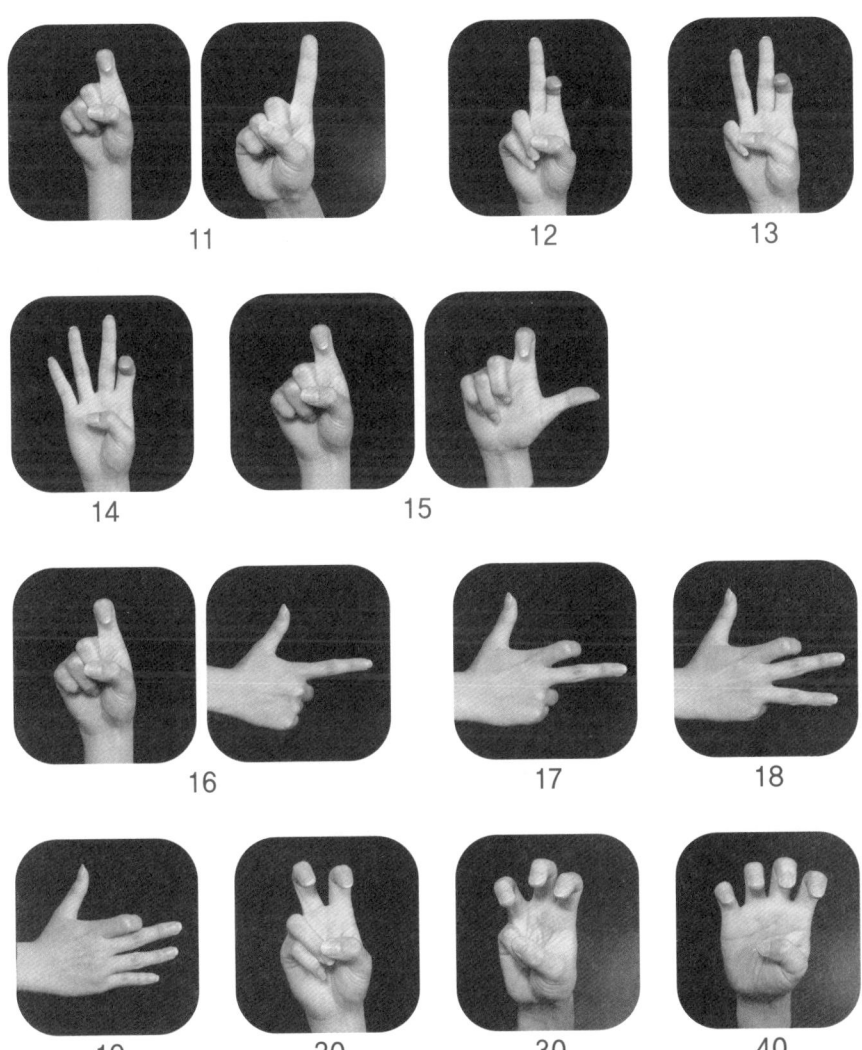

지숫자

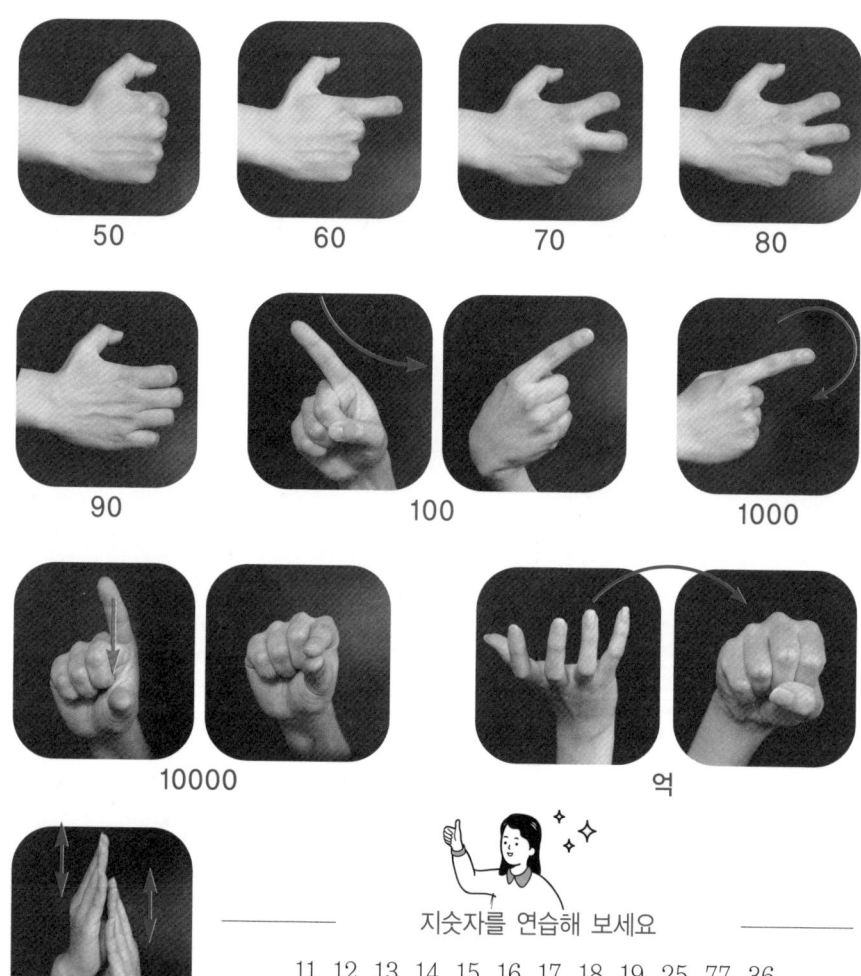

지숫자를 연습해 보세요

11, 12, 13, 14, 15, 16, 17, 18, 19, 25, 77, 36, 135, 762, 912, 308, 1967, 6900, 2007

TIP
[혼동되기 쉬운 수어 단어들]

아래에 소개되는 수어 표현은 수어를 처음 배우는 학습자들이 혼동스러워 하거나 자주 실수를 하는 부분입니다. 손 모양이 비슷한 두 수어를 동시에 보여 드릴께요. 두 수어의 미묘한 차이를 잘 익히세요.

ㅁ vs 20

ㅋ vs ㄱ

ㅌ vs ㄹ

S vs 5

3 vs 7

8 vs 9

9 vs 5

ㅇ vs 0

PART 5
직업

직 업
[첫만남]

당신의 직업은 무엇입니까?

저는 회사원 입니다.

어떤 회사에 다녀요?

밀알전자입니다.

당신의 직업은 무엇입니까?

저는 회사원 입니다.

당신　　　　　일　　　　　무엇

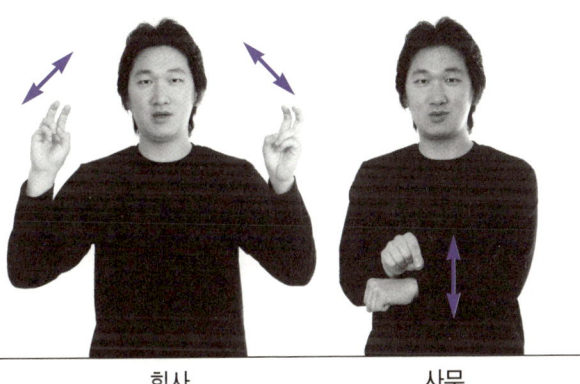

회사　　　　　사무

> 당신의 직업은 무엇입니까?
>
> 저는 회사원 입니다.
>
> 어떤 회사에 다녀요?

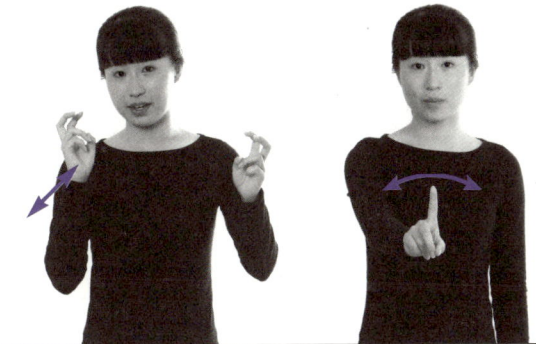

회사　　　　무엇(어떤)

밀알

 TALK

밀알
전자에서 일합니다.

주로 무슨 일을
하십니까?

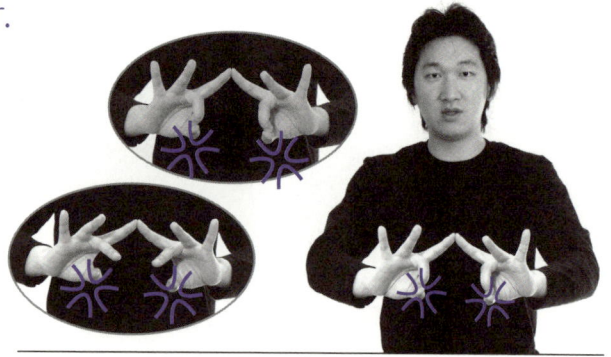

전자

일   담당   무엇

전자 기계

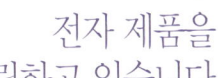

전자 제품을
조립하고 있습니다

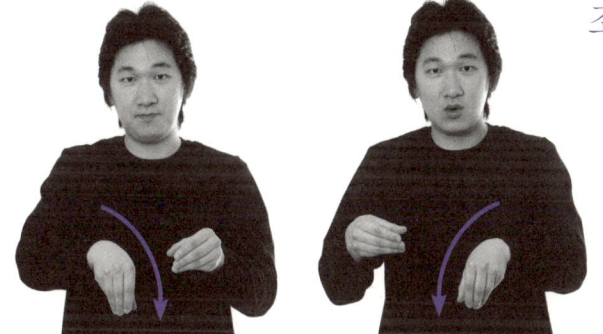

조립

보충단어

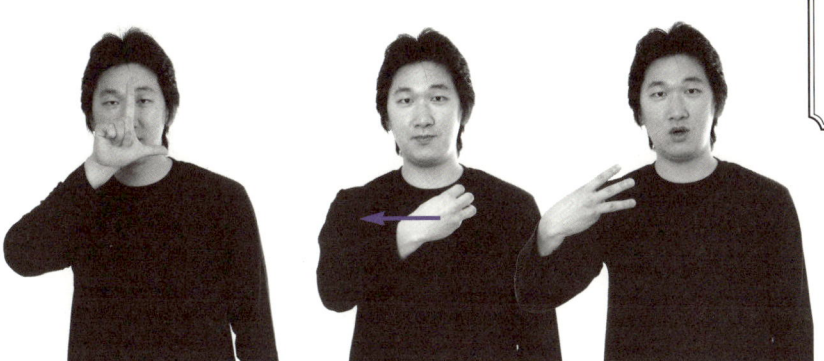

LG 삼성

현대   사장

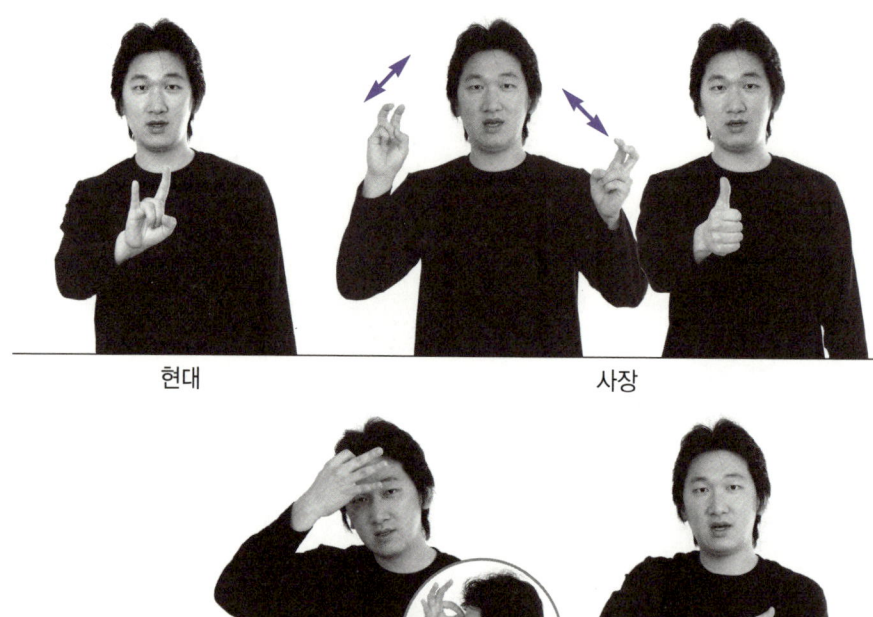

기술   다니다

직원

월급

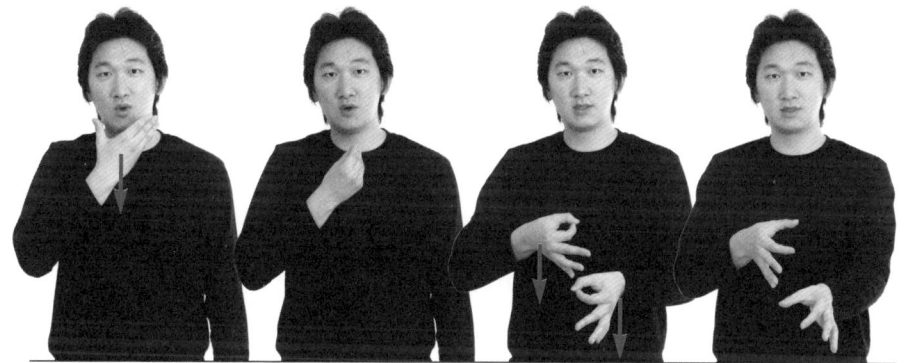

보너스

(여러번)   (여러번)

벌다   쓰다

바쁘다 　　　 한가하다 　　　 휴가

취직

퇴사

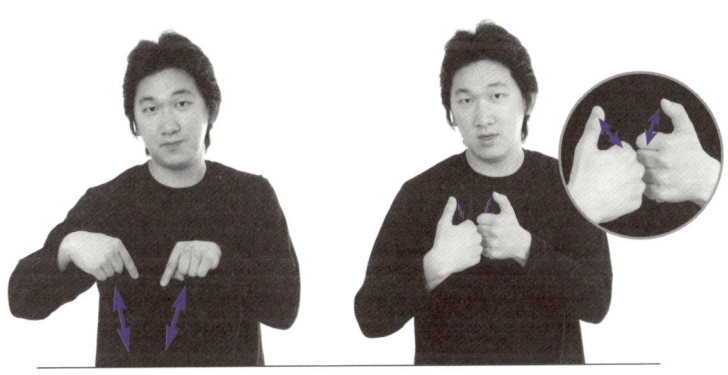

면접   회의

야근

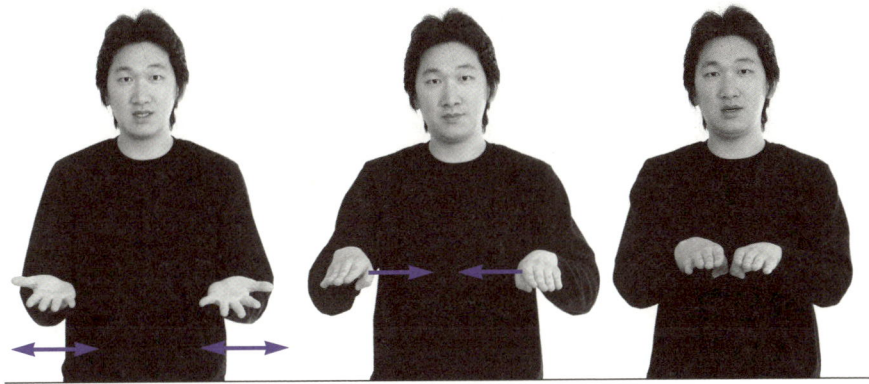

결근

PART 6
경제생활

경제생활
[쇼핑]

오! 옷이 너무 예쁘다. 새로 샀어?

응, 어제 누나랑 동대문 시장에서 샀어.

비싸 보이는데 얼마야?
만 오천 원이야.

나도 원피스 사야되는데 가게 좀 소개시켜줘.
좋아, 내가 같이 가 줄께.

정말, 고마워. 대신 떡볶이 사줄게.
내일 봐.

옷　　　　　예쁘다

새롭다

> **TALK**
> 오! 옷이 너무 예쁘다. 새로 샀어?
>
> 응, 어제

응　　　　　　　　어제

누나랑

동대문 시장에서 샀어.

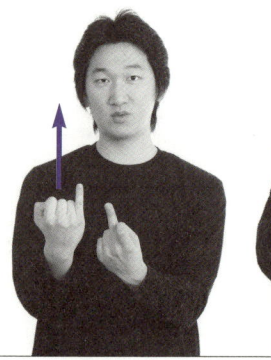

누나

동대문

시장

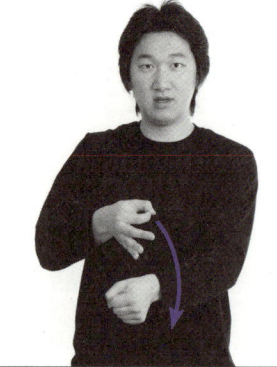

사다

비싸다   얼마 (여러번)

만오천원

비싸보이는데 얼마야?

만 오천원 이야.

나도 원피스

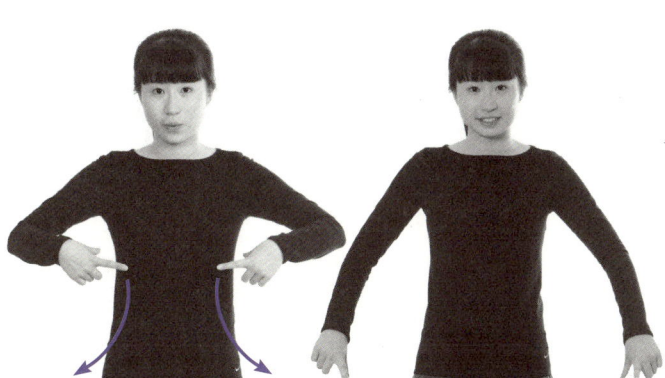

원피스

사다   싶다

TALK

사야되는데
가게 좀
소개시켜줘.

좋아,
내가 같이

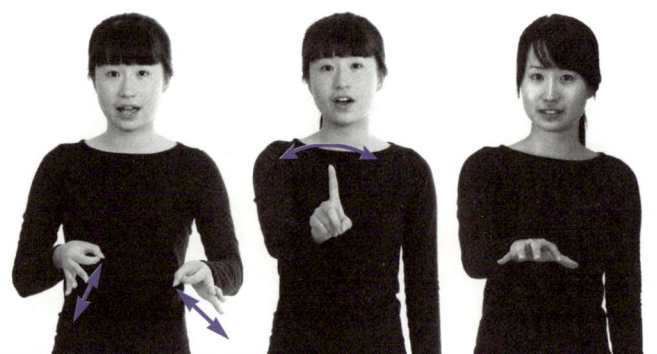

가게   무엇(어디)   장소

좋다   같다

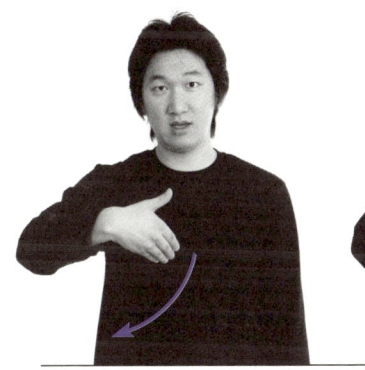
가다

가 줄게.

정말, 고마워 대신 떡볶이 사줄게.

정말

고맙다

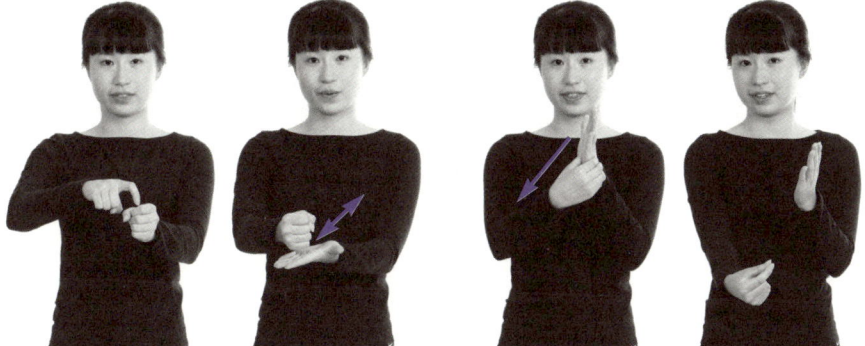
떡볶이 　　　　　　한턱내다

내일 봐.

내일   만나다

보충단어

돈   값

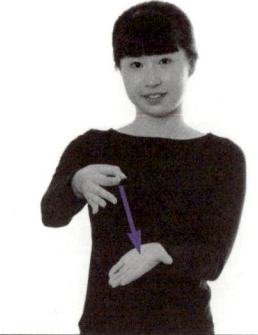 

싸다

보충단어

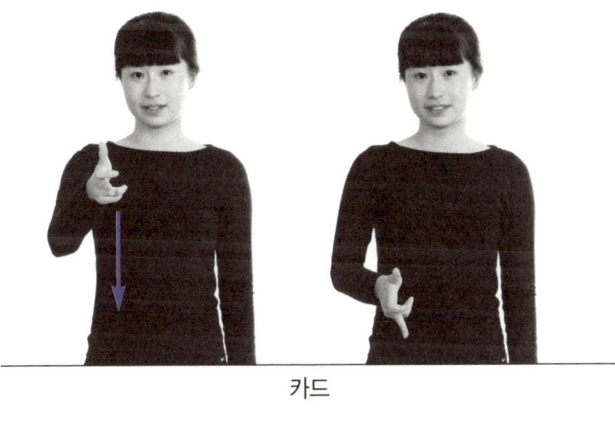
카드

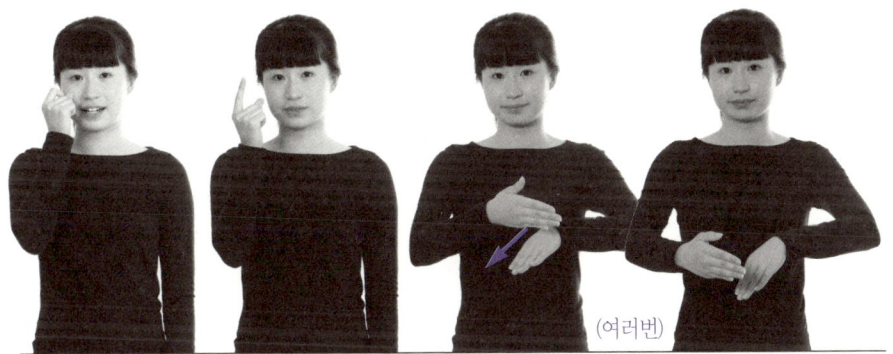
할부

지갑   물건

보충단어

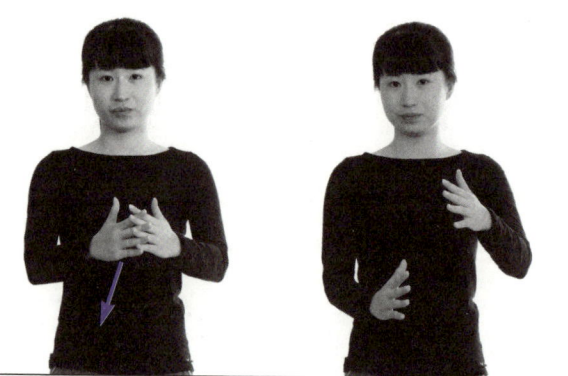

영수증

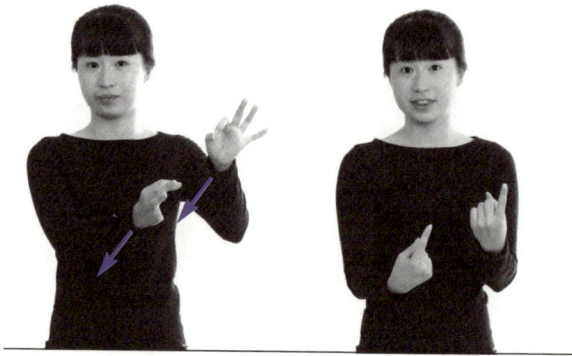

할인

무료

보충단어

가지다

버리다　　　　　　　　　　계산

백화점

보충단어

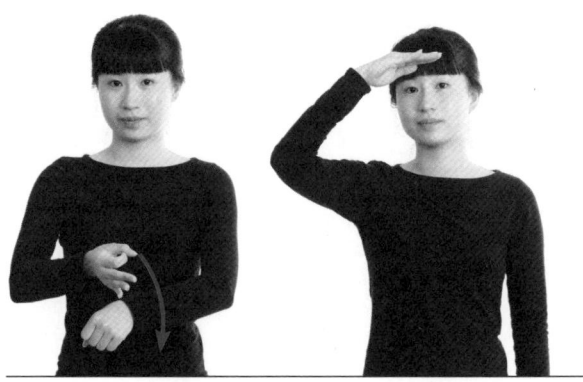

쇼핑

할인마트

TIP
[시각문화]

농 사회는 소리에 의존하는 청인들의 문화와는 다른 독특한 시각문화를 형성합니다. 시각문화란 농인들이 시각에 의존하여 많은 정보를 받아들이고 사고하고 처리하는 것으로 그 예를 들어보면 다음과 같습니다.

화장실에서 : 노크소리를 듣지 못하므로 노크를 하면 화장실 안 쪽의 불이 깜빡거리도록 설치합니다. 대문의 초인종, 전화벨소리 등을 소리 대신에 불빛이 깜빡거리는 것으로 바꾸어 설치하는 것도 같은 경우입니다.

화상전화, 화상채팅 : 소리에 의한 대화가 어려운 전화의 경우 화상전화를 통해 대화를 합니다.

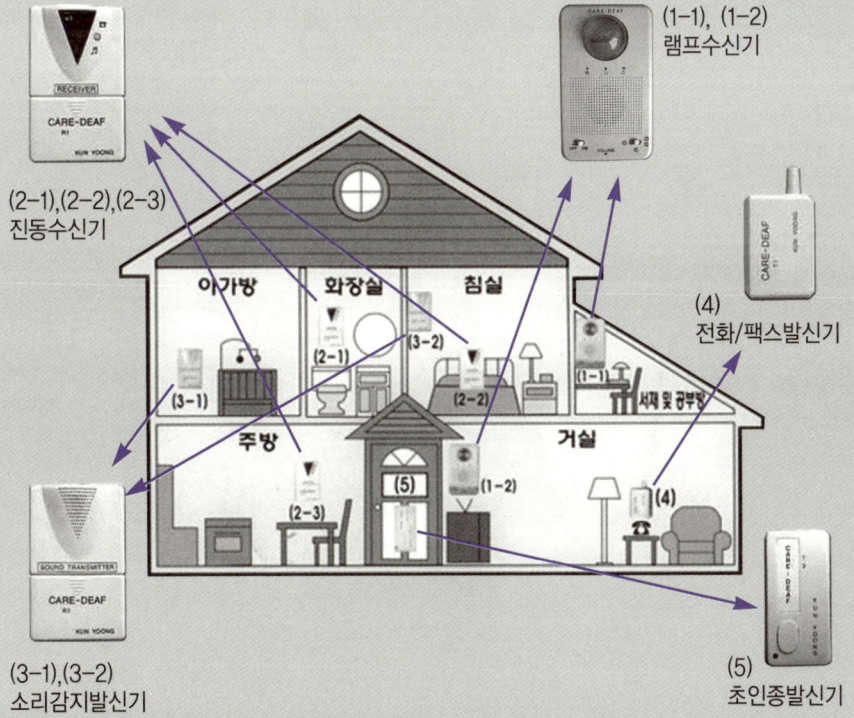

출처 : (주) 견웅 IBC (http://www.kunyoong.com/kpublic)

PART 7

교통

교 통
[대중교통]

 지하철이 버스보다 빠릅니다.

네 맞아요.

 가끔 기차를 타고 가까운
곳으로 여행을 가고 싶습니다.

같이 갈래요?

 예 사진도 찍고
맛있는 것도 먹고 구경도 해요.

기대되는데요.

버스   　　좋지않다

> **TALK**
> 버스보다
> 지하철이 좋습니다.
>
> 네 맞아요.

지하철

 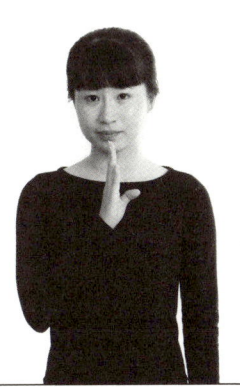

좋다(낫다)   　　맞다

가끔

기차   가깝다   장소

 TALK

가끔

기차를 타고
가까운 곳으로

여행을 가고
싶습니다.

여행   원하다

같다

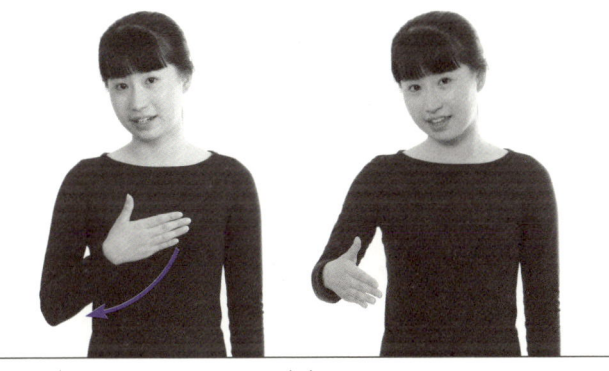

가다

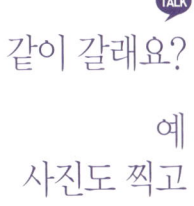

같이 갈래요?

예
사진도 찍고

좋다 사진찍다

맛있다　　　　먹다

 TALK

맛있는 것도 먹고
구경도 해요.

기대되는데요.

구경하다

좋다　　　　기대하다

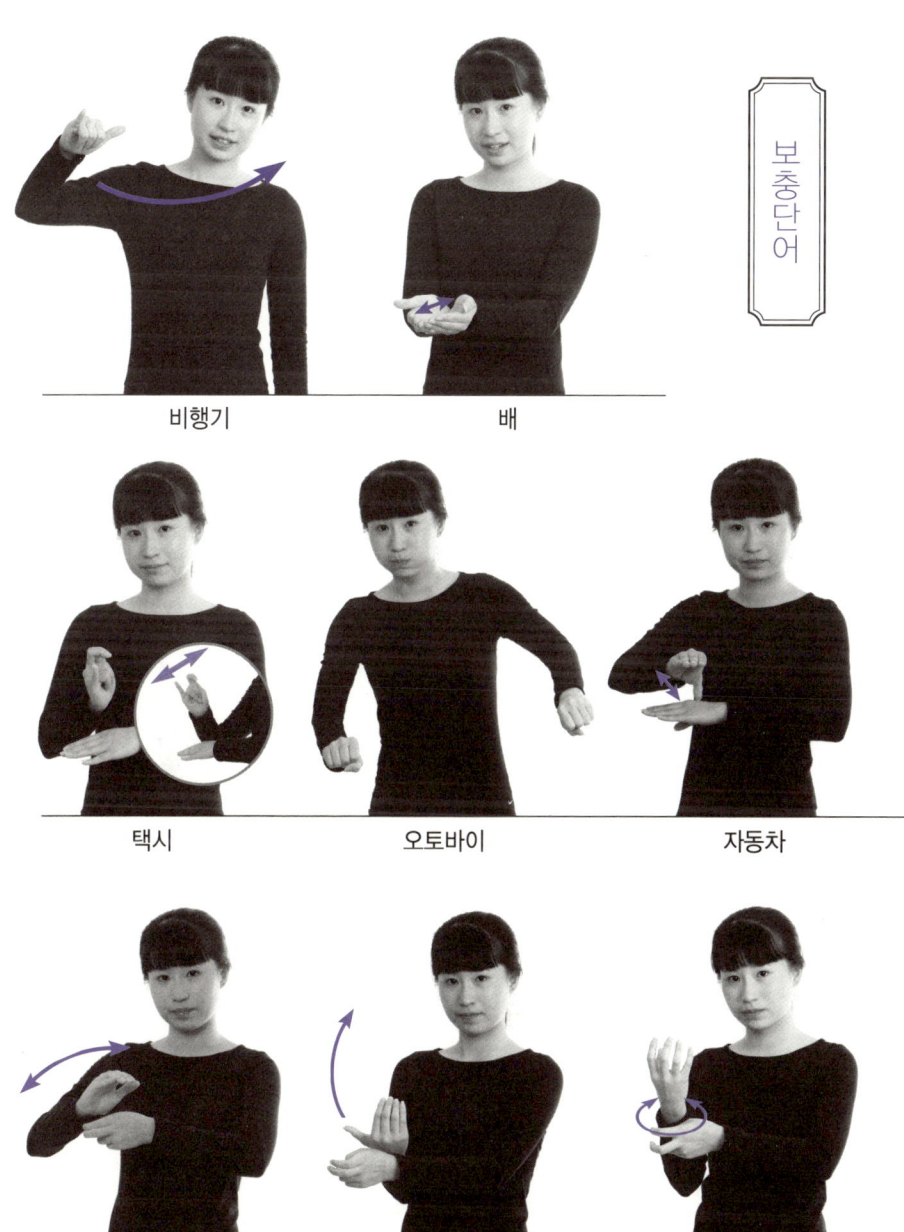

보충단어

비행기   배

택시   오토바이   자동차

승합차   트럭   앰블런스

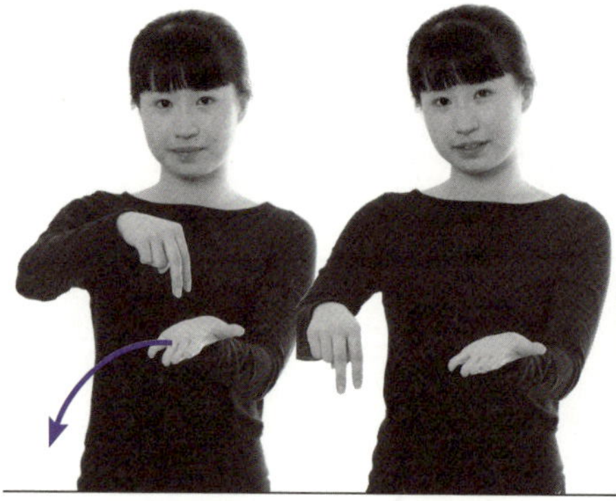

내리다 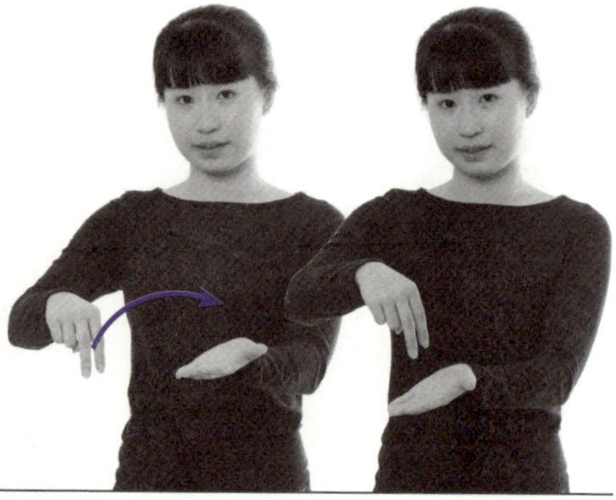   타다

느리다    색깔 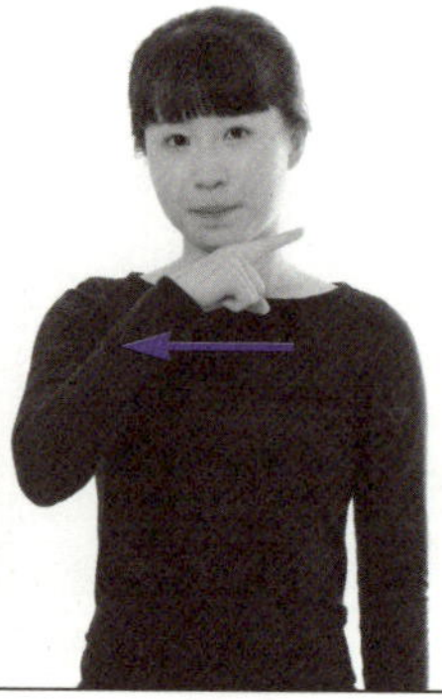   빨강색 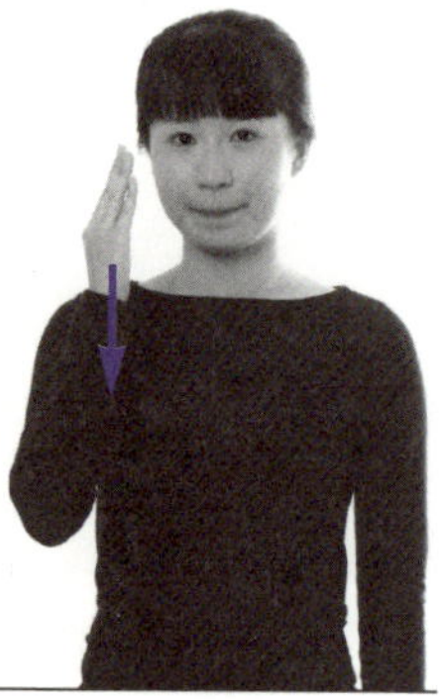   파란색

회색    노란색    흰색

검정색   분홍색

무지개   보라색 ①

보라색 ②

PART 8
컴퓨터

컴퓨터

🧑‍🦰 어제 내가 보낸 메일 받았니?

👨 아니, 아직 확인 못했는데...
우리집 컴퓨터가 고장이야.

🧑‍🦰 수리는 받았어?

👨 아니,
윈도우를 다시 깔아야한대.

🧑‍🦰 답답하겠구나.

👨 맞아, 급한 워드작업도
못하고 있어.

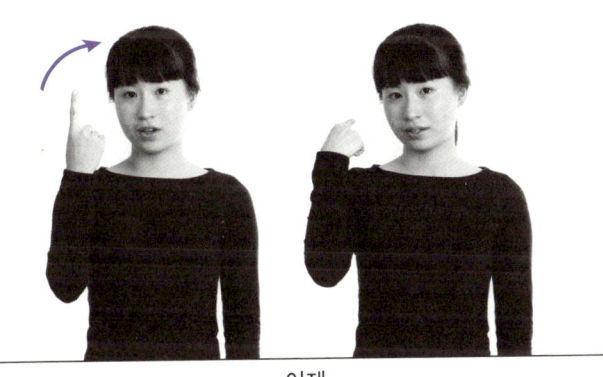

어제

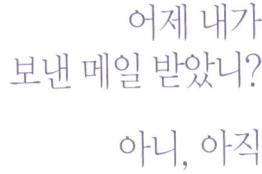

어제 내가
보낸 메일 받았니?

아니, 아직

메일보내다

끝　　　　　　　　　　아직

못보다

 확인 못했는데...
우리집
컴퓨터가 고장이야

나 집

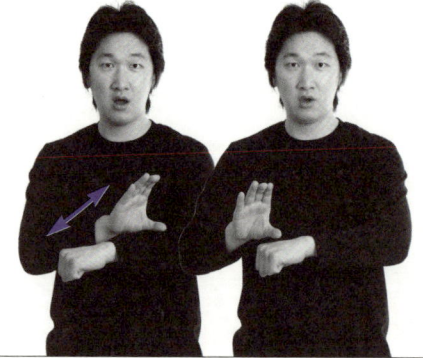

컴퓨터 고장

수리

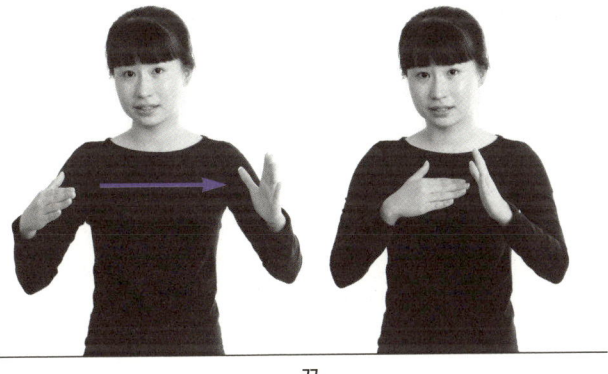

끝

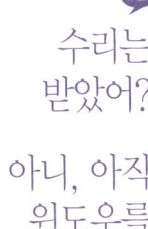

수리는 받았어?

아니, 아직 윈도우를

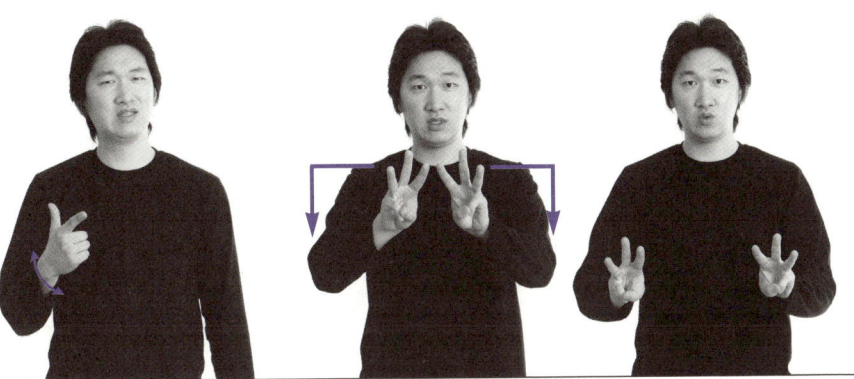

아니다   윈도우

> **TALK**
>
> 다시 설치해야 한대.
>
> 답답하겠구나.

설치

되다

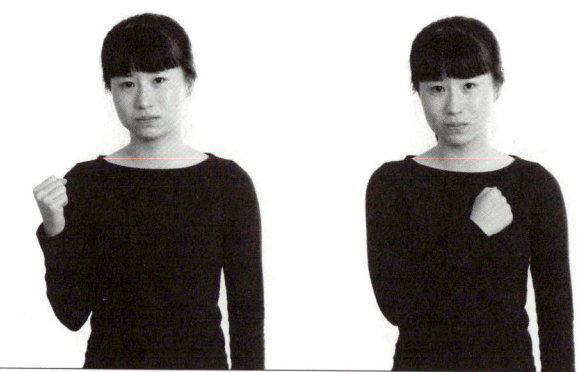

답답하다

| 맞다 | 급하다 |

워드작업

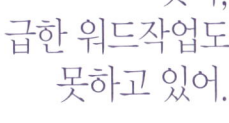

> 맞아,
> 급한 워드작업도
> 못하고 있어.

아직

보충단어

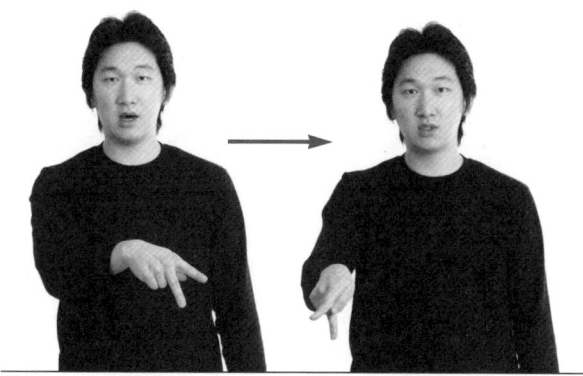

파워포인트

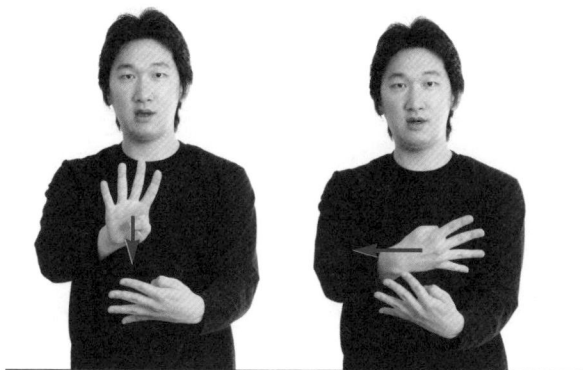

엑셀

포토샵 　　　　　　　　　　　　　　　　인터넷

보충단어

홈페이지

카페   마우스   키보드

모니터

채팅

영상통화

문자

CD

디카

TIP
[농인 에티켓1]

농인을 부를 때는 어떻게 해야 할까요?

농인을 부를 때는 어떻게 할까요? 먼저는 농인과 시선을 마주쳐야 하는데 손을 흔들거나 움직여서 자신이 부르고 있음을 표현해야 합니다.

하지만 농인이 멀리 떨어져있고 시선을 마주할 수 없을 때는 다가가 어깨를 살짝 두드리거나 자신이 보이는 곳으로 가서 손을 흔듭니다. 급한 상황이라고 해서 뒤돌아 있는 농인에게 물건을 던지거나 소리를 지르는 것은 상대의 기분을 상하게 하는 행동입니다.

TIP
[농인 에티켓2]

대화 중인 농인들 사이를 지나가야 할 때

청인들은 가까운 거리에서 대화를 나누지만 농인들은 다른 농인들과 대화를 나누기 위해 약간의 거리를 둡니다. 왜냐하면 수어는 눈으로 보고 몸을 움직여 표현해야 함으로 약간의 거리는 훨씬 서로에게 편안함을 줍니다. 그래서 서로의 수어를 잘 보기 위해서 원형이나 반원형으로 둘러앉는 경우가 있습니다.
청인은 이를 인식하지 못하고 대화를 나누는 사이로 지나갈 때가 있습니다. 갑자기 등장한 사람으로 인해 이야기의 맥이 끊기거나 대화는 방해를 받을 것입니다. 거리를 두고 앉아 있는 농인들이 대화를 나누고 있지 않나를 살피고 대화중이라면 뒤쪽으로 돌아가거나 양해를 구하고 지나가야 할 것입니다.

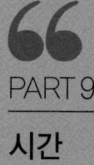

PART 9

시간

시간

- 목요일에 시간 있니?
- 왜? 무슨 일이야.
- 같이 영화 보자.
- 저녁 6시 이후에는 괜찮아.
- 영화시간이 7시 30분이니깐 서울극장 앞에서 6시에 만나자.
- OK, 네가 쏘는 거지.
- 싫어.

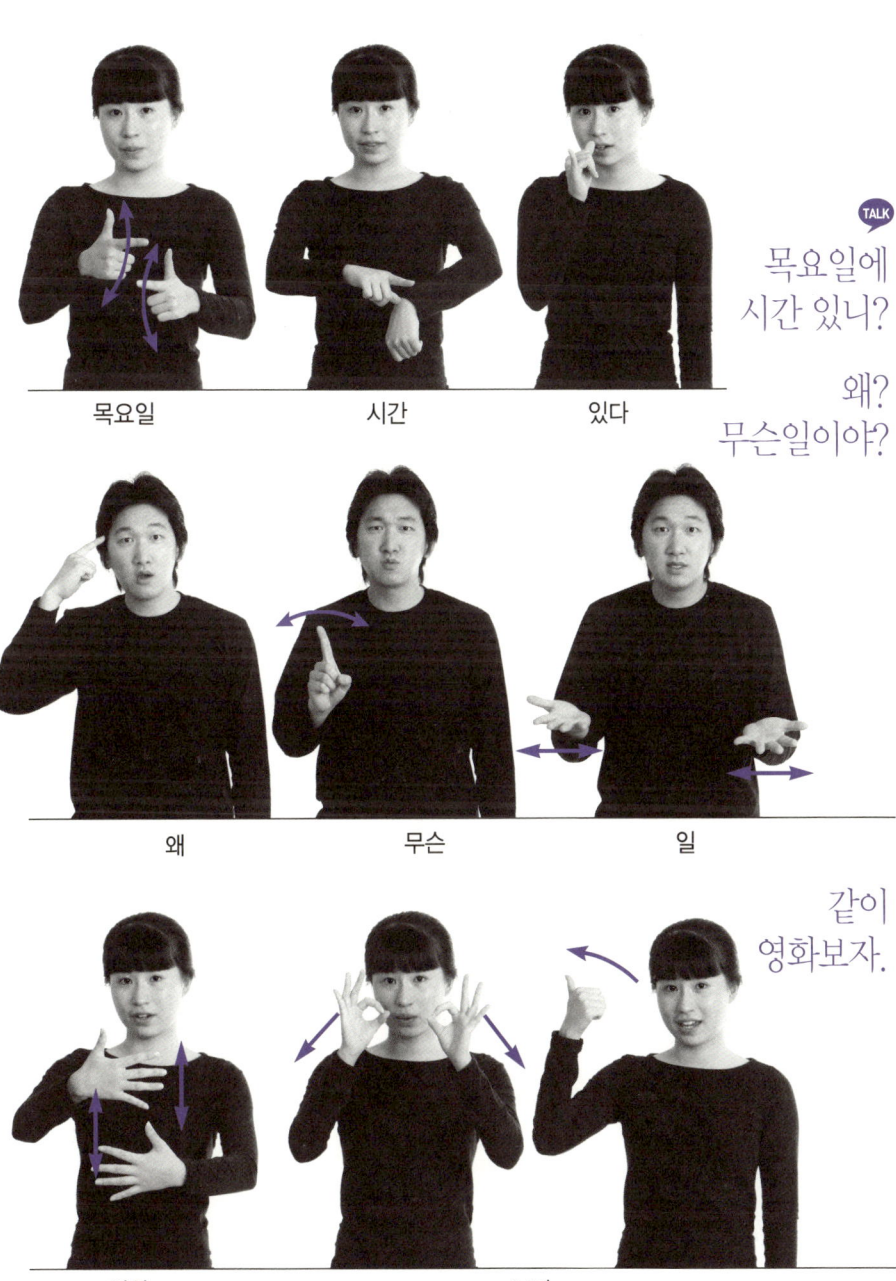

저녁 6시 이후에는 괜찮아.

저녁

6시

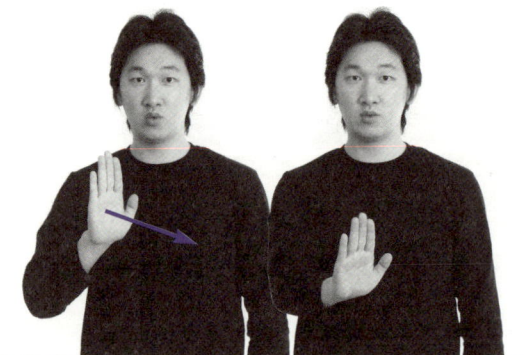 
이후 · 괜찮다

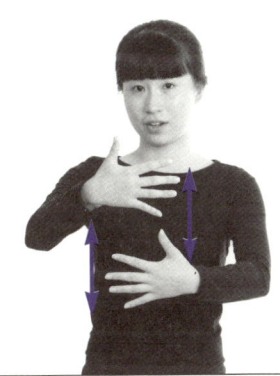

영화

시간

영화시간이
7시 30분이니까
서울극장

7시 30분   서울극장

TALK

앞에서
6시에
만나자.

장소

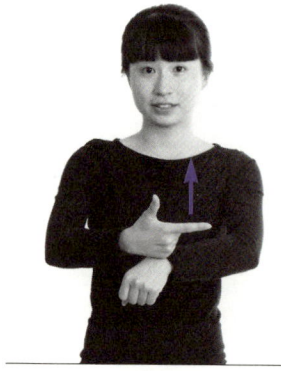 

6시

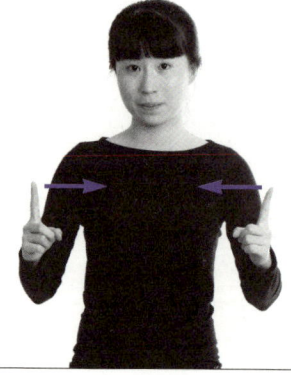 

만나다

OK

당신 　　　　　　　한턱내다

싫다

TALK
OK
네가 쏘는거지?

싫어.

보충단어

월요일

화요일

수요일

목요일

금요일

토요일

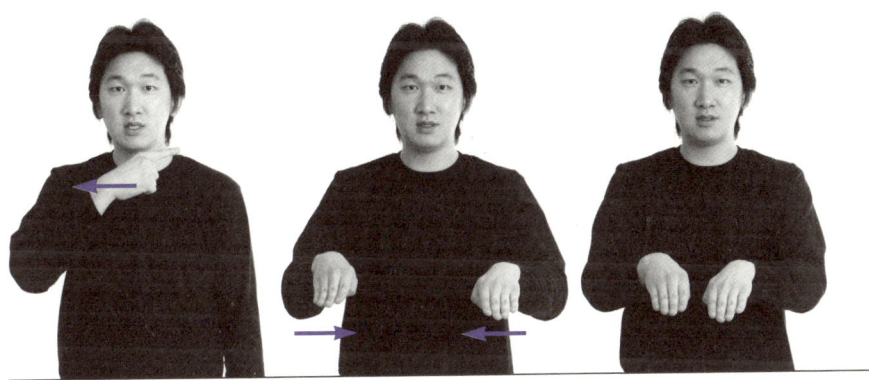

일요일

아침　　　　　　　　　　점심

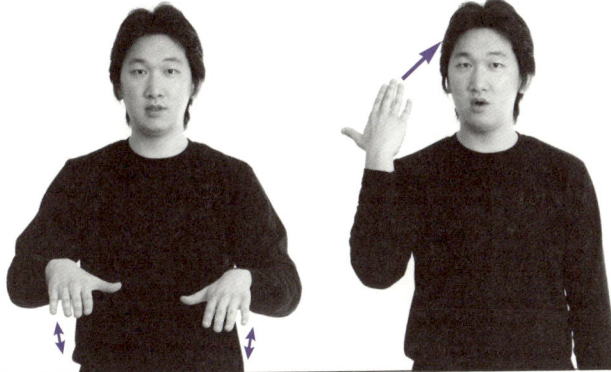

오늘　　　　　과거

보충단어

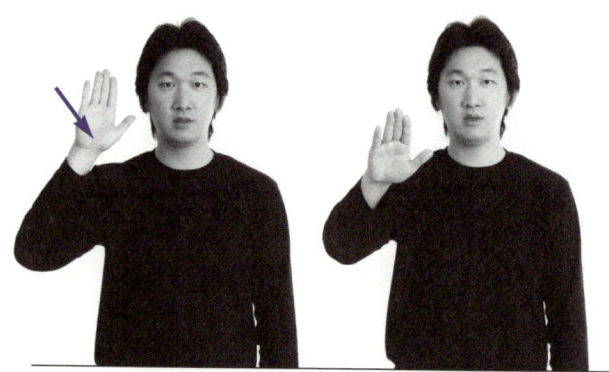

미래

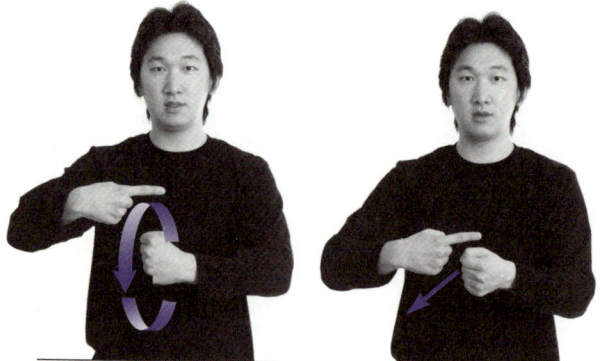

1년   내년

작년

지금   매일

(여러번)
물건

요즘

PART 10
자연

자연

 당신은 애완동물을 키우나요?

**아니요
저는 동물을 싫어해요.
당신은요?**

 저는 강아지 두 마리와
고양이 한 마리를 키우고 있어요.
정말 귀여워요.

저는 꽃을 좋아해요.

 무슨 꽃을 좋아하세요?

장미를 좋아해요.

당신 　　　　집

당신은 애완동물을
키우나요?

아니요, 저는
동물을 싫어해요.
당신은요?

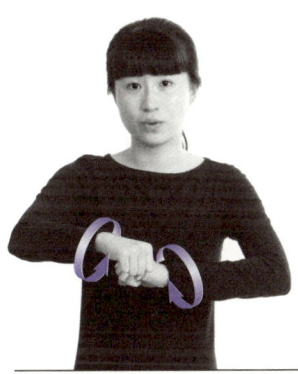

애완동물 　　　　　　기르다

아니다 　　　동물 　　　싫다 　　　당신

나는
강아지 두마리와
고양이 한마리를

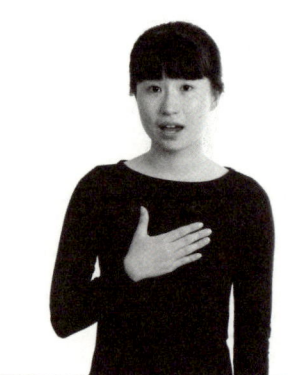

나

강아지   둘

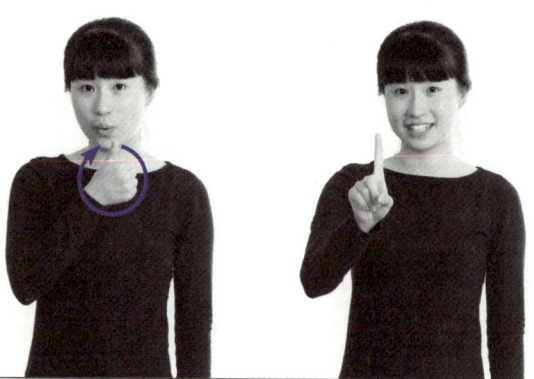

고양이   하나

키우다   있다

귀엽다

키우고 있어요.
정말 귀여워요.

TALK

꽃을 좋아해요.

무슨 꽃을
좋아하세요?

장미를 좋아해요.

꽃 　　　　　　　좋다

꽃 　　　　　좋다 　　　　　무엇

장미 　　　　　　　좋다

보충단어

계절

봄

여름

보충단어

가을

겨울

자연

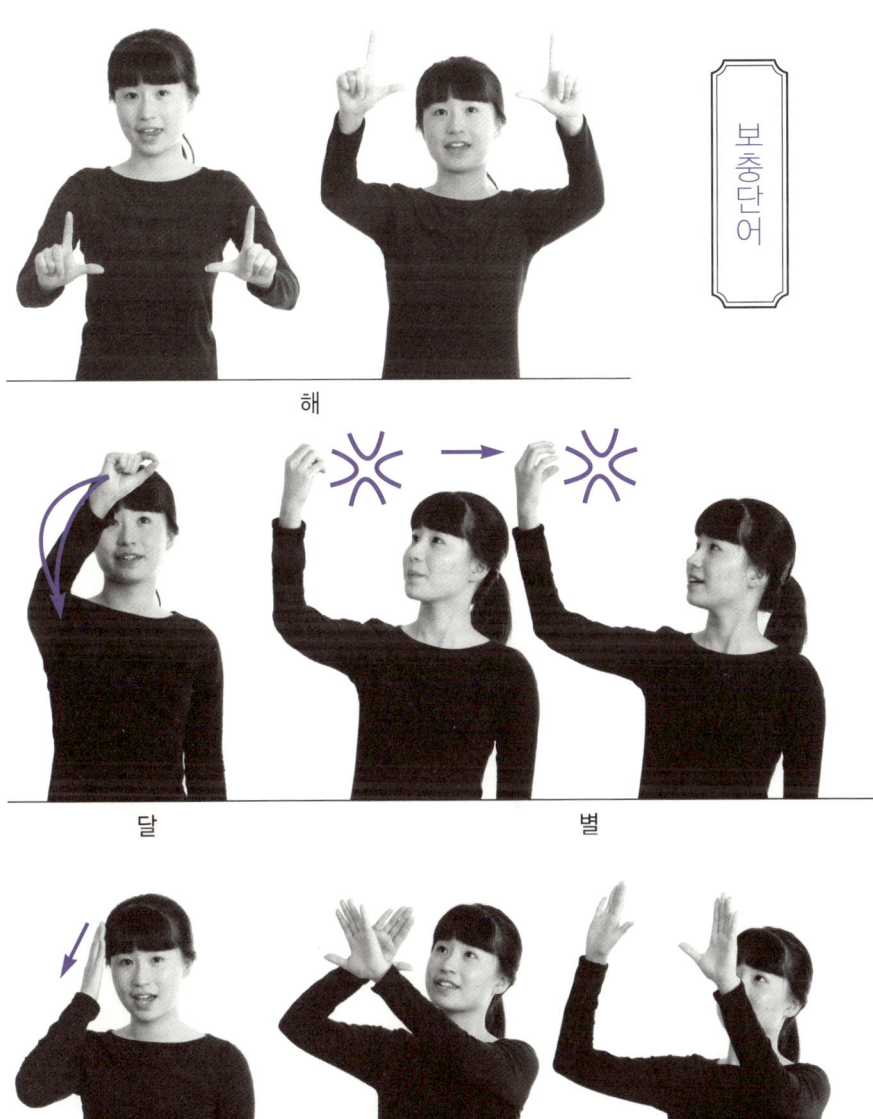

보충단어

해

달 별

하늘

보충단어

구름

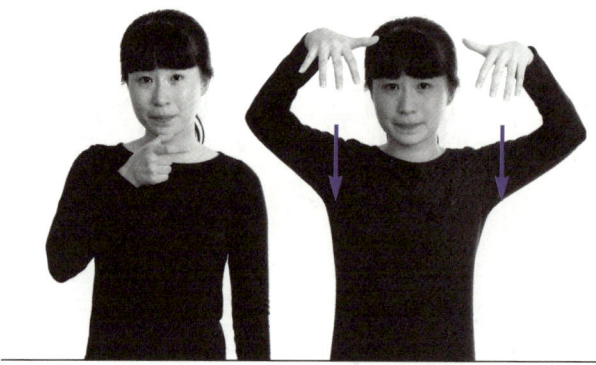

비   물

강

보충단어

산

나무

불

PART 11
여가

여가

어떤 운동을 좋아하십니까?

나는 태권도를 좋아합니다.

태권도? 나도 태권도를 좋아해요.

그래요? 태권도는 우리나라를 대표하는 운동입니다.

맞아요. 몇 단이에요?

유단자 2단입니다.

난 4단 태권도 사범입니다.

헉~! 사범님~

운동　　　　　좋다　　　　무엇(어떤)

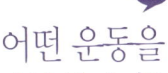

어떤 운동을
좋아하십니까?

나는
태권도를
좋아합니다.

나

태권도　　　　　　　　　　좋다

태권도　　　　　　　　　똑같다

태권도?
나도 태권도를 좋아해요.

그래요?
태권도는

맞다

태권도

한국

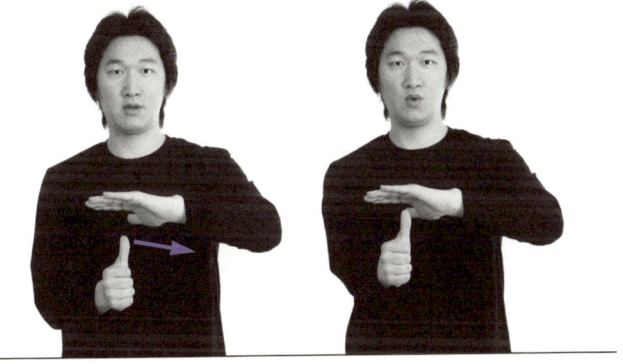

대표

우리나라를
대표하는
운동입니다.

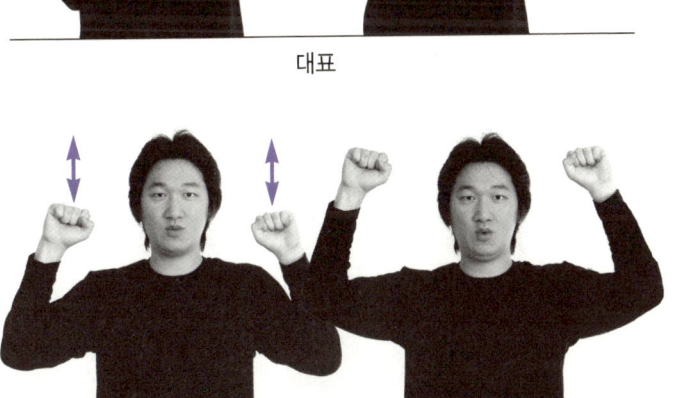

운동

맞아요.
몇 단이에요?.

유단자
2단입니다.

맞다

몇단

2단

나

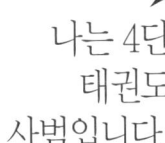
나는 4단
태권도
사범입니다.

4단

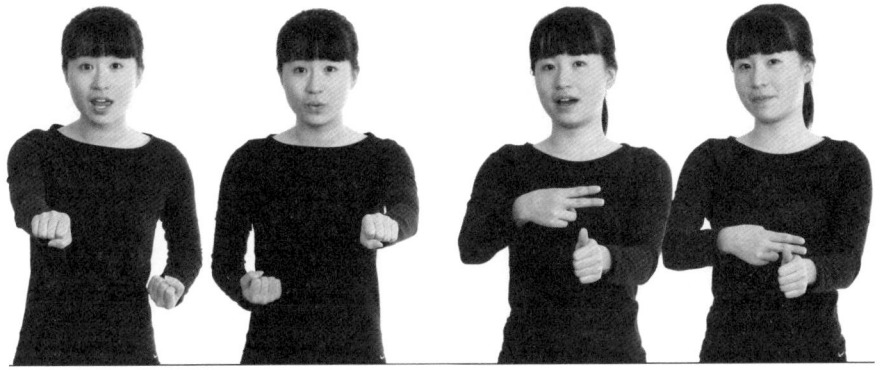
태권도 　　　　　　　사범

헉

TALK

헉~!
사범님~

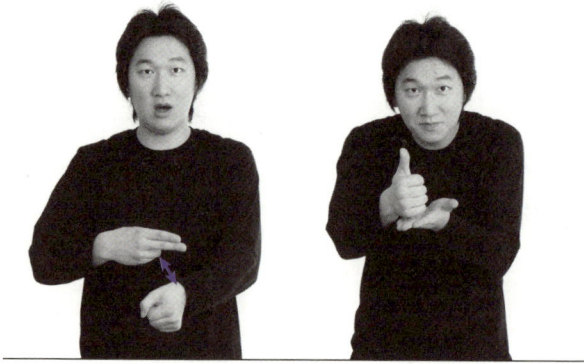

사범님

보충단어

축구

보충단어

골프

볼링

수영

보충단어

농구

야구   헬스

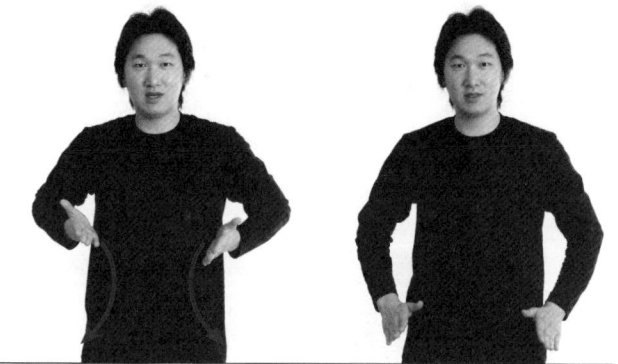

다이어트

보충단어

인기

음식

맛있다

맛없다

배고프다   배부르다

밥

보충단어

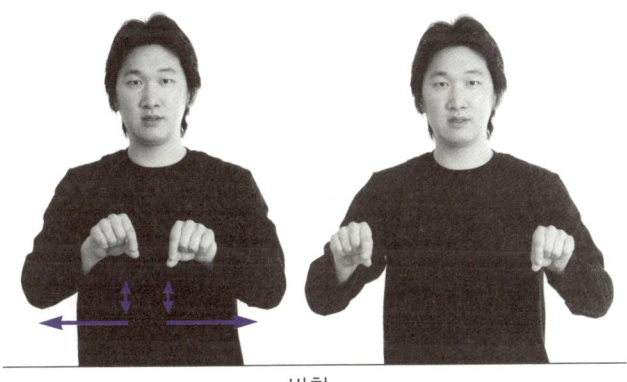
반찬

계란

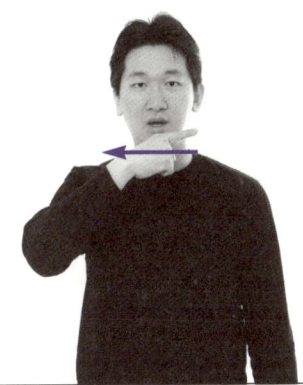 
사과

보충단어

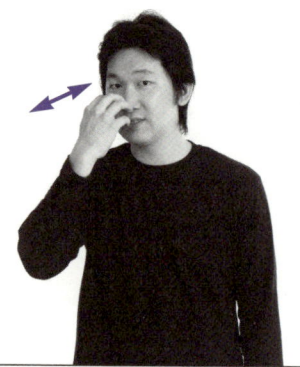

딸기

(여러번)

포도

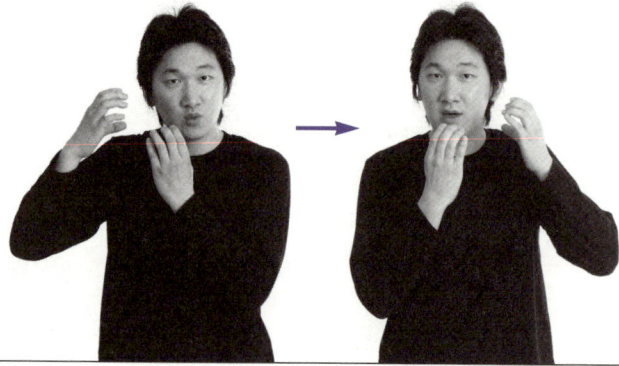

수박

| 아이스크림 | 과자 | 보충단어 |

음료수

커피

보충단어

피자

콜라

김밥

보충단어

만두

KFC

맥도날드 롯데리아

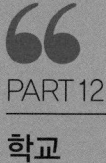

PART 12
학교

학교

 몇 학년입니까?

4학년입니다.
내년에 졸업합니다.
그런데 취업이 어려워 걱정입니다.

 어떤 일을 하고 싶나요?

전공대로
아이들을 가르치고 싶습니다.

 좋은 선생님이 되실 겁니다.

감사합니다.

몇학년

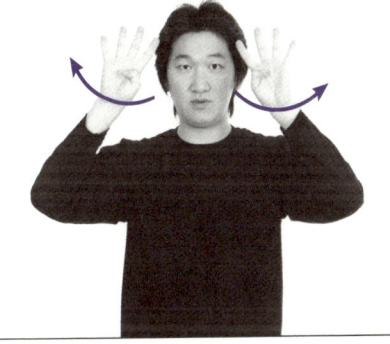
4학년

몇 학년입니까?

4학년입니다.
내년에 졸업합니다.

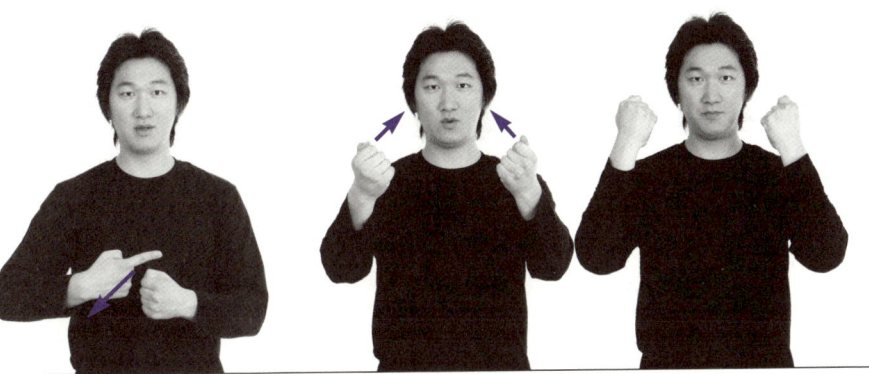
내년 　　　　　졸업

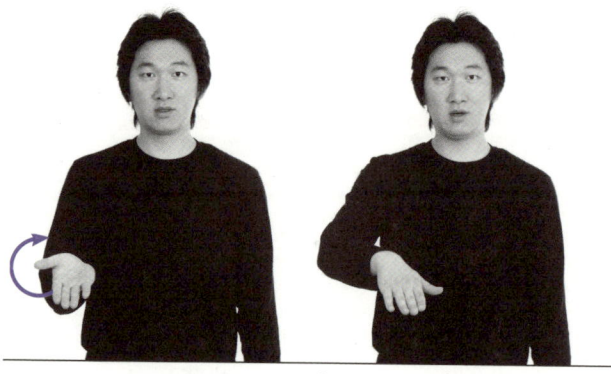

그러나

그런데
취업이 어려워
걱정입니다.

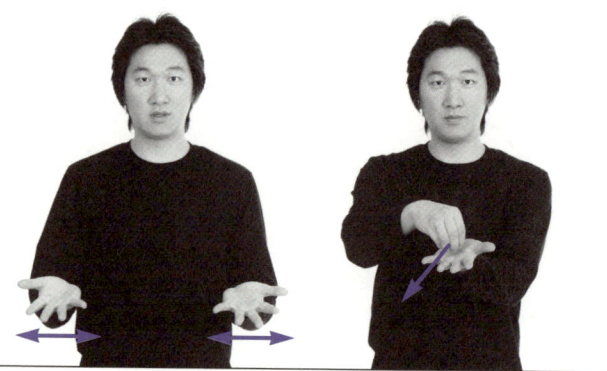

취업이

어렵다   걱정

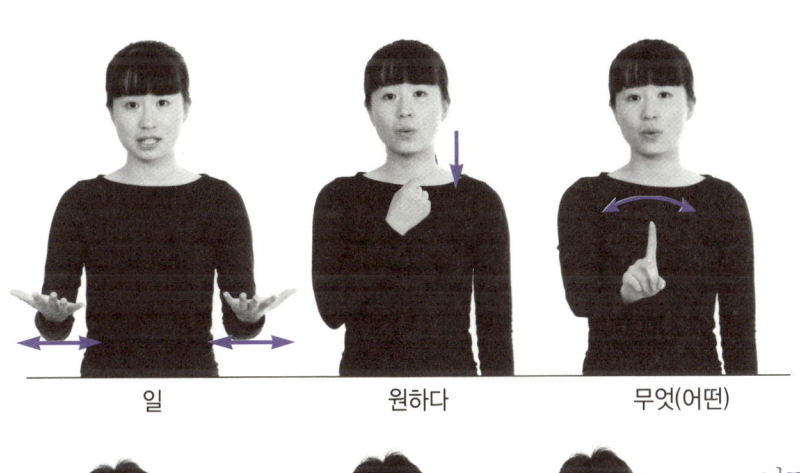

| 일 | 원하다 | 무엇(어떤) |

> 어떤 일을
> 하고 싶나요?
>
> 전공대로
> 아이들을
> 가르치고
> 싶어요.

| 전공 | 대로 |

| 아이 | 가르치다 | 원하다 |

좋은 선생님이
되실 겁니다.

감사합니다.

좋다

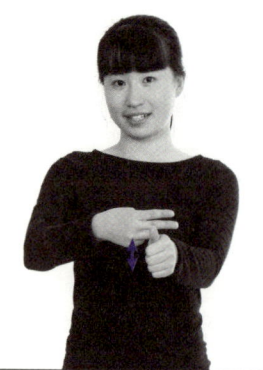
선생님

되다

추측

감사

보충단어

학교

유치원

   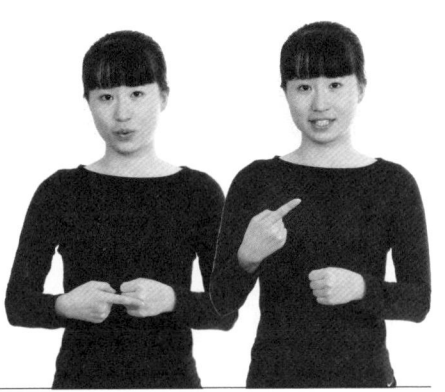

초등학교 ①   초등학교 ②

보충단어

중학교

고등학교

대학원

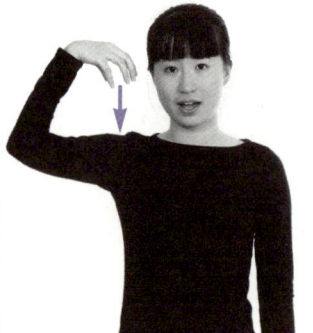

학생

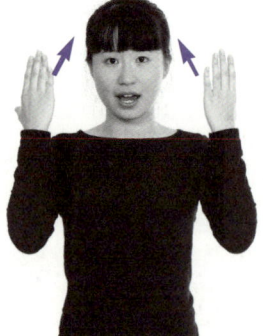

교장

교실　　　　　　　　　공부

방학

소풍　　　　　　　　　개학

보충단어

결석

지각

배우다

시험

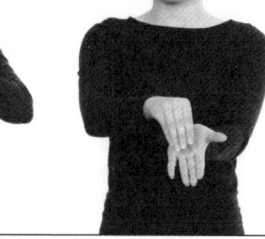
숙제

TIP
[농학교]

농인에게 있어 농학교는 농사회와 농문화를 계승 발전시키는 요람과 같은 역할을 합니다. 농인들은 농학교에 입학함으로써 농사회를 알게 되고 농사회의 구성원으로서 살아가기 위해 수어와 농문화를 배우고 형성해 갑니다. 농학교는 대도시를 중심으로 한 도시에 하나씩 있는 것이 대부분이어서 어느 학교 출신인가가 어느 지역 출신인가를 알려줄 수 있으며 이러한 환경은 농인들을 단순한 학교 선후배 사이 이상의 끈끈한 정으로 묶어주어 농인들의 문화를 더 깊이 있게 만들고 있어 농학교는 농문화를 발전시키는 힘의 원천이 되는 곳이라고 할 수 있습니다.

농학교 홈페이지

학교명	홈페이지
국립서울농학교	http://www.seoulnong.sc.kr/
서울삼성학교	http://www.samsung.sc.kr/
서울애화학교	http://www.aewha.sc.kr/
한국구화학교	http://www.kuhwa.sc.kr/
인천성동학교	http://www.sd.icesc.kr/
수원서광학교	http://www.seokwang.sc.kr/
경북영광학교	http://school.gyo6.net/kbyk/
구미혜당학교	http://www.hyedang.sc.kr/
대구영화학교	http://www.younghwa.sc.kr/
대전원명학교	http://www.wonmyeongsc.disc.kr/
부산배화학교	http://www.baehwa.sc.kr/
전주선화학교	http://www.sunhwa.sc.kr/
제주영지학교	http://www.youngji.sc.kr/
춘천계성학교	http://www.kds76.gwe.sc.kr/
충주성심학교	http://www.sungsim.sc.kr/
포항명도학교	http://school.gyo6.net.phmd/

PART 13
기독교1

기독교 1

🙍 교회에 다니십니까?

옛날에는 다녔었는데
요즘은 다니지 않고 있습니다. 🙍

🙍 무슨 이유라도 있나요?

이사를 해서
교회가 멀어져서요. 🙍

🙍 그럼 가까운
저희 교회에 같이 갈래요?

좋아요. 그럼 주일날 만나요. 🙍

교회

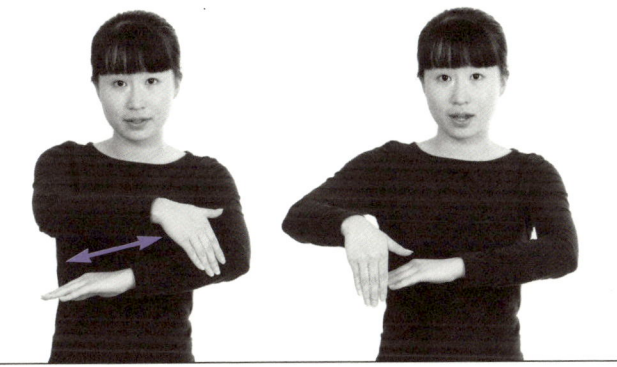

다니다

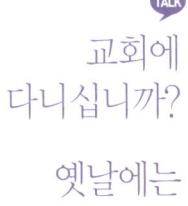

교회에 다니십니까?

옛날에는

옛날

TALK

다녔었는데
요즘은
다니지 않고 있습니다.

다니다

요즘   없다

 TALK

무슨
이유라도 있나요?

이유   무엇

이사

이사를 해서
교회가
멀어져서요.

때문에   멀다

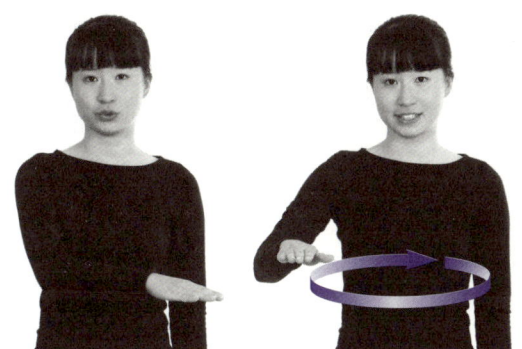

우리

그럼 가까운
저희 교회에

TALK

같이
갈래요?

교회

가깝다

같다 　　　　　　　　　가다

좋아요, 그럼 주일날 만나요.

좋아요

주말

만나다

보충단어

믿음

소망

하나님

예수님

성령

세례

보충단어

구원

죽다

영혼

보충단어

천국

지옥

은혜

보충단어

전도

 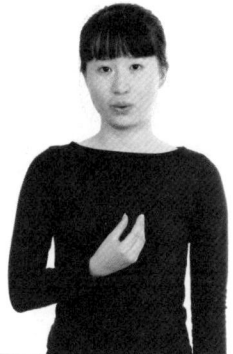 

복음

십자가

보충단어

설교　　　　　　헌금

십일조

예배

보충단어

집사

목사

  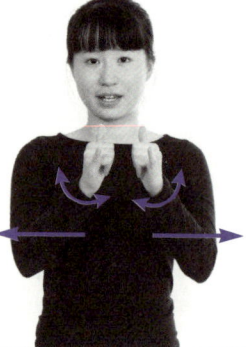

전도사

장로

보충단어

권사

퍼즐

[수어로 풀어보는 퍼즐]

	1		2	3
4				
			5	
6		7		
8			9	

가로 문제

❷

❹

세로 문제

(수어 얼굴이름)

비수지 신호

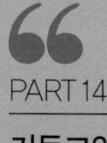

PART 14
기독교2

기독교2

 올해부터 주일학교 교사를 맡게 되었어요.

잘됐네요. 열심히 하세요.

 말씀을 가르치는 것이 부담이 됩니다.

성경을 많이 읽으시고 기도하세요.

 아이들을 사랑하고 열심히 할게요.

좋아요. 승리하세요.

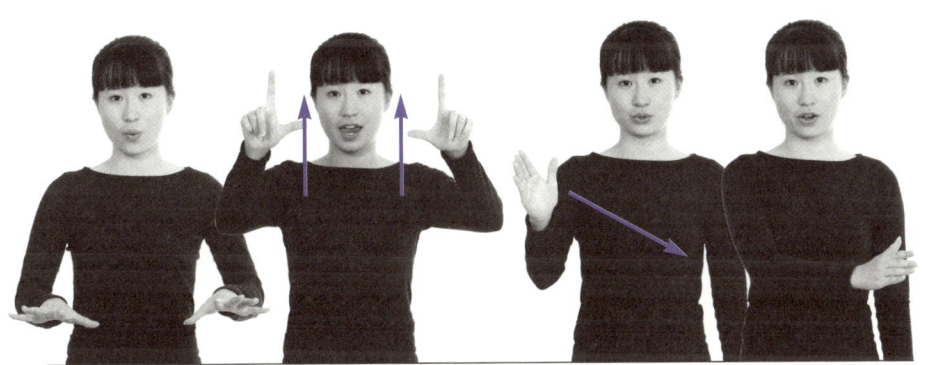

올해   부터

교회   학교

선생님   맡다

TALK

올해부터
주일학교
교사를 맡게
되었어요.

| 잘 | 되다 |

 잘 됐네요.
열심히 하세요.

열심히

| 하나님 | 말씀 |

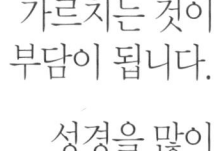

가르치는 것이
부담이 됩니다.

성경을 많이

가르치다	부담

성경

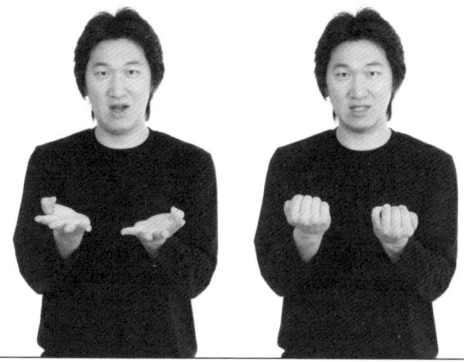

많다

168

— 손으로 세상을 향해 **말**하다

 TALK

읽으시고
기도하세요.

아이들을
사랑하고

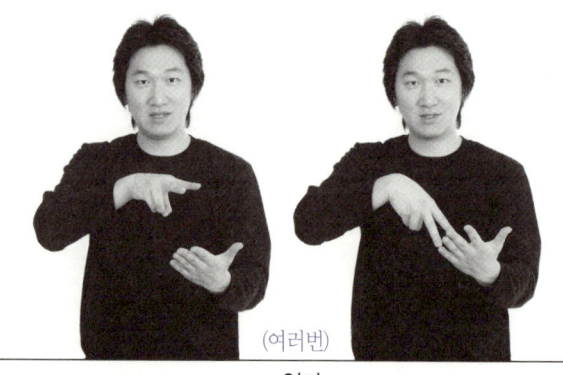

(여러번)
읽다

기도

부탁

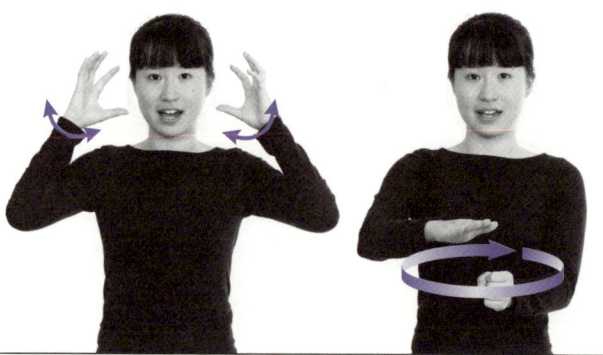

아이   사랑

열심히　　　　　하다

열심히 할게요.
좋아요.
승리 하세요.

좋아요

승리　　　　　　　　　　부탁

보충단어

영광

아멘

할렐루야

보충단어

천사

사탄

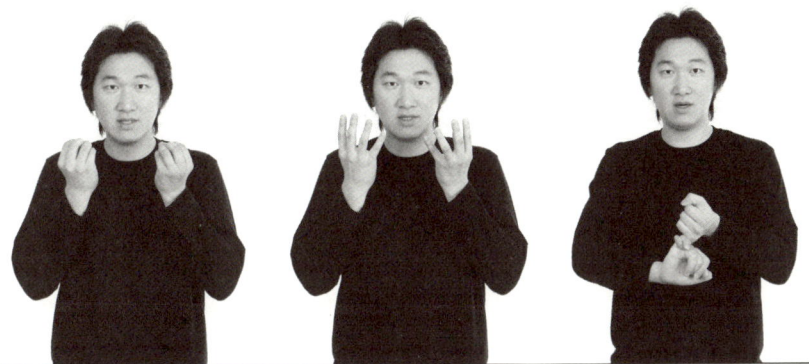

신약

보충단어

구약

영생

회개

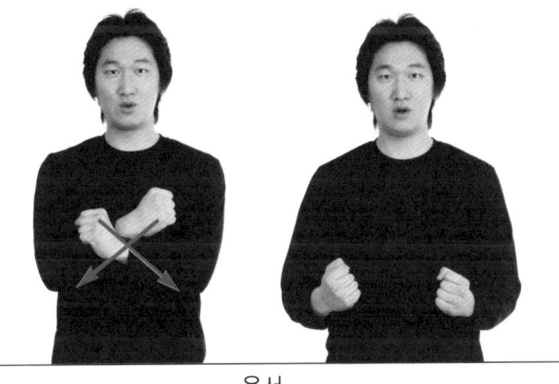

용서

죄

인도 　　　　　　　　　심판

보충단어

지혜

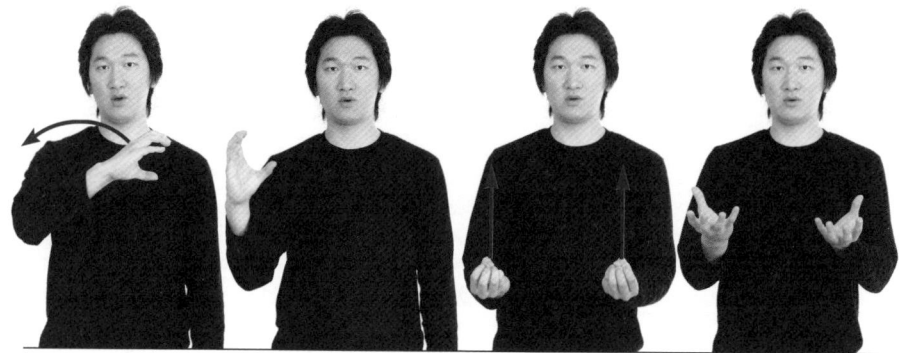

성탄절

부활절

추수감사절

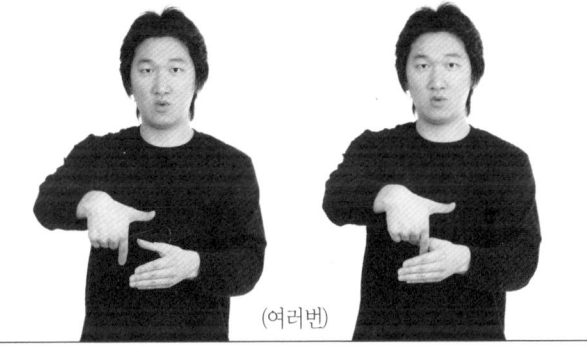

(여러번)

기독교

그리스도

PART 15
의료

의료

🧑‍🦰 어디가 아프셔서 오셨습니까?

 코, 목이 아프고 온몸이 아픈데요.

🧑‍🦰 진찰해봅시다. 여기 앉으세요.

 열도 나고 기침도 계속 나요.

🧑‍🦰 감기가 심하네요. 주사 맞으시고 약을 드세요.

아프다

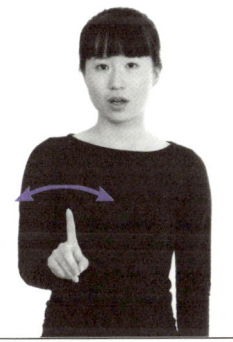
무엇

> 어디가 아프셔서 오셨습니까?
>
> 코와 목이 아프고, 온 몸이 아픈데요.

코

목

몸

아프다

(여러번) 진찰   해보다

TALK

진찰해 봅시다.
여기 앉으세요.
열도나고,

여기

앉다

열나다

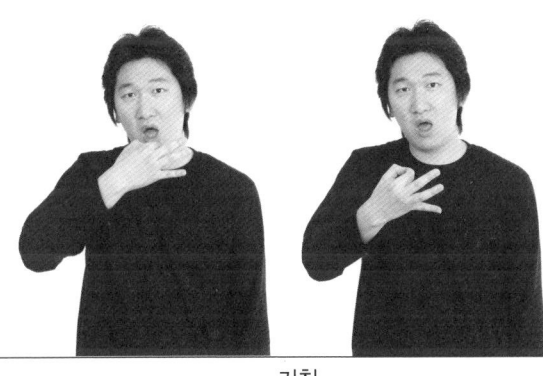

기침

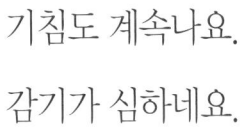

기침도 계속나요.
감기가 심하네요.

계속

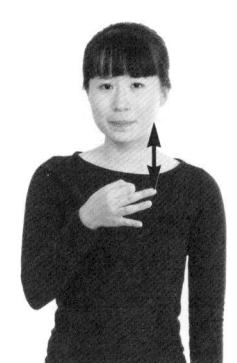

기침

심하다

180

손으로 세상을 향해 말하다

TALK

주사 맞으시고, 약을 드세요.

주사

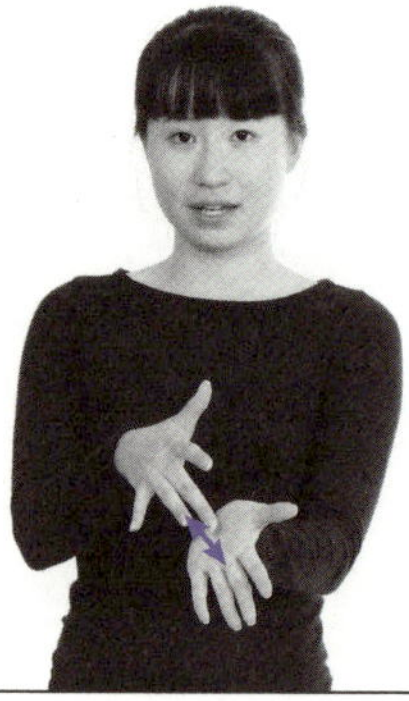

보충단어

약　　　　　　먹다

병 　　　　　　　병원

181 — 의료 • 밀알수어

보충단어

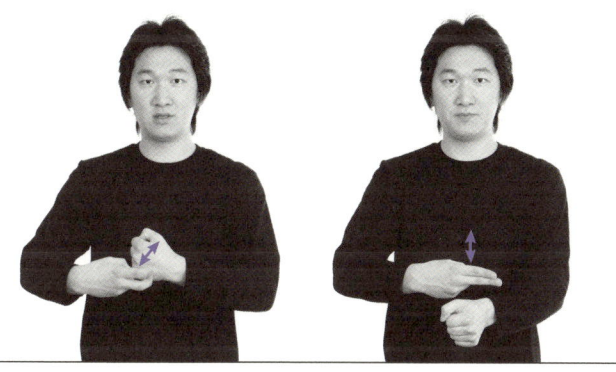
의사

환자

간호사

보충단어

낫다

오다

치료

쉬다

참다

몸살

보충단어

치과

안과

정형외과

소아과

산부인과

주기도문 (개역한글)

하늘에 계신 우리 아버지여
이름이 거룩히 여김을 받으시오며,
나라이 임하옵시며,
뜻이 하늘에서 이룬 것 같이
땅에서도 이루어지이다.
오늘날 우리에게
일용할 양식을 주옵시고
우리가 우리에게 죄 지은 자를
사하여 준 것 같이
우리 죄를 사하여 주옵시고,
우리를 시험에 들게 하지 마옵시고
다만 악에서 구하옵소서.
대개 나라와 권세와 영광이
아버지께 영원히 있사옵나이다.
아멘

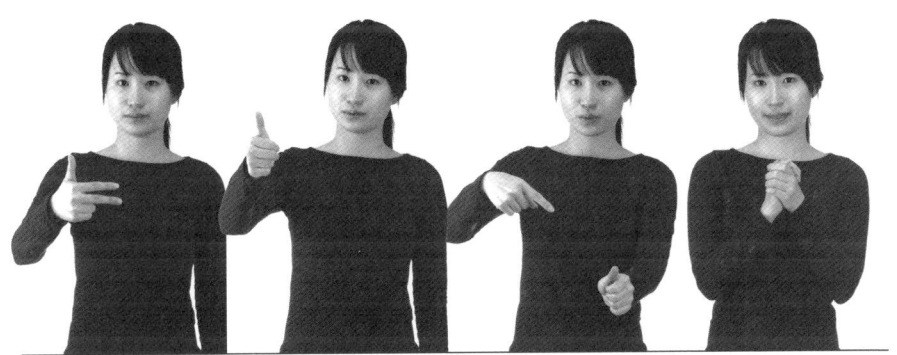

주기도문

하늘에

하늘   장소

계신 우리

계시다   우리

받으시오며

받다   소서

나라이

나라

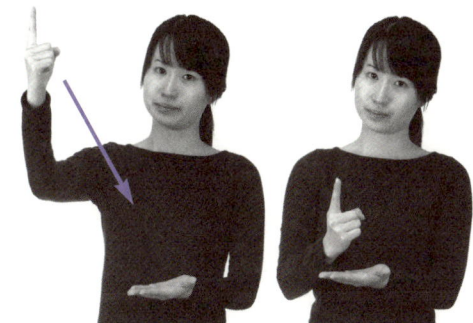

임하옵시며

임하다   ~소서

뜻이

뜻

하늘에서

하늘   장소

이룬

이루다

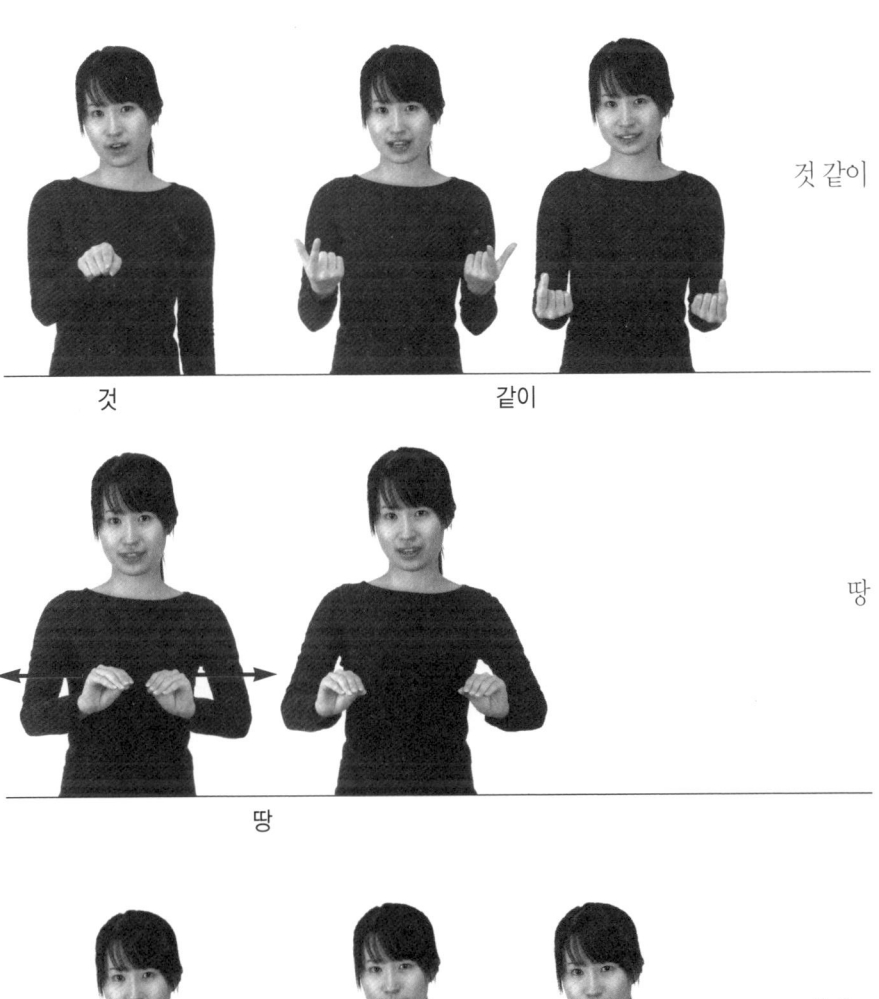

이루어지이다

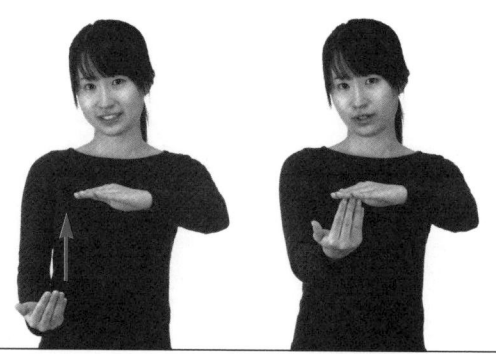

이루다

오늘날

오늘　　　　　　　날

우리에게

우리　　　　　　　에게

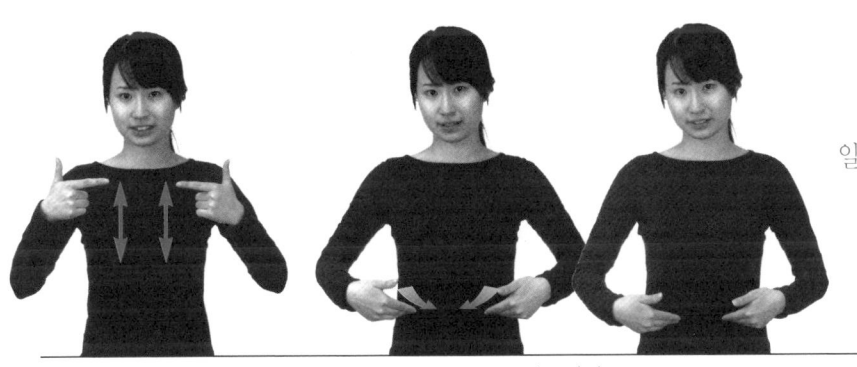

일용할

매일　　　　　필요하다

양식을

먹다

주옵시고

주다　　　　　~소서

우리가
우리에게

우리 　　　 우리 　　　 에게

죄

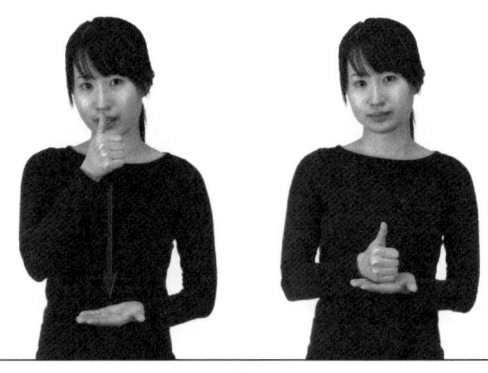

죄

지은 자를

경험 　　　　　 사람

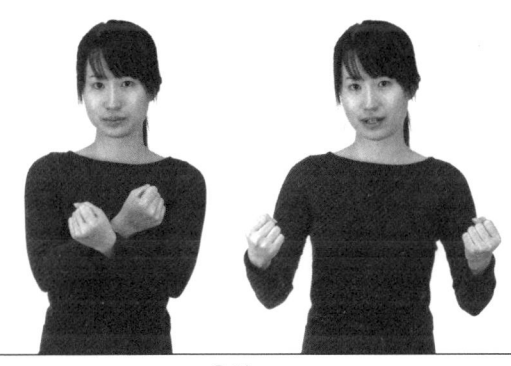

사하여

용서

준 것

주다 것

같이

같다

우리가
죄를

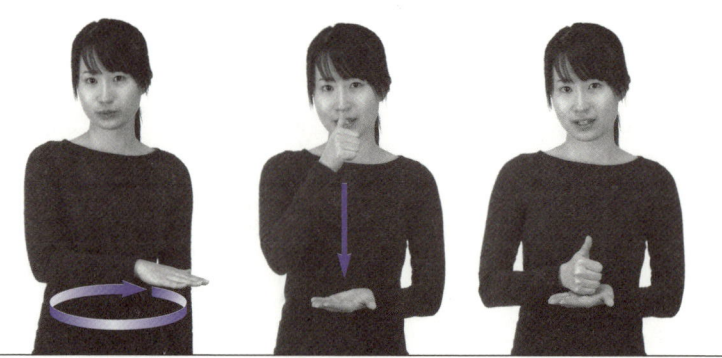

우리 　　　　　 죄를

사하여

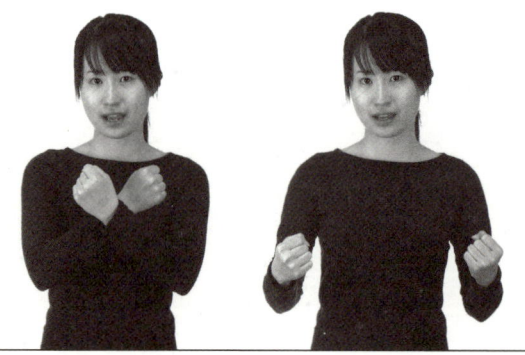

용서

주옵시고

주다 　　　　　 ~소서

 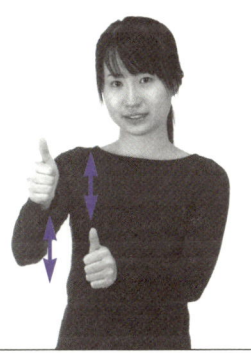

우리를 시험에

우리   시험

들게

유혹   빠지다

마옵시고

말다   ~소서

다만

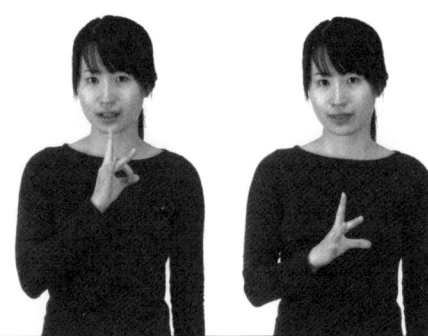

오직

악에서

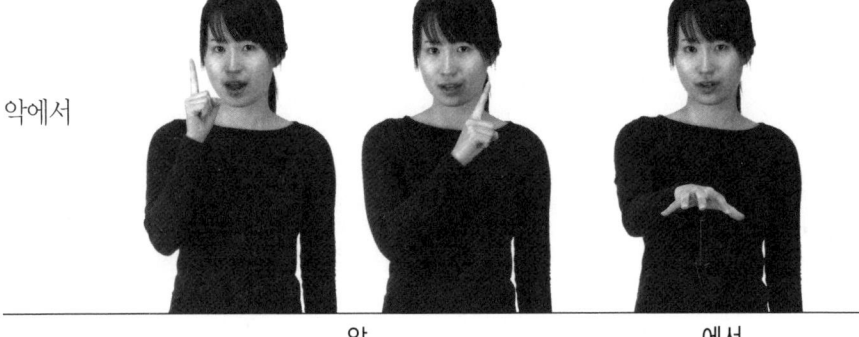

악　　　　　　　에서

구하옵소서

구하다　　　　　　　～소서

대개

대개

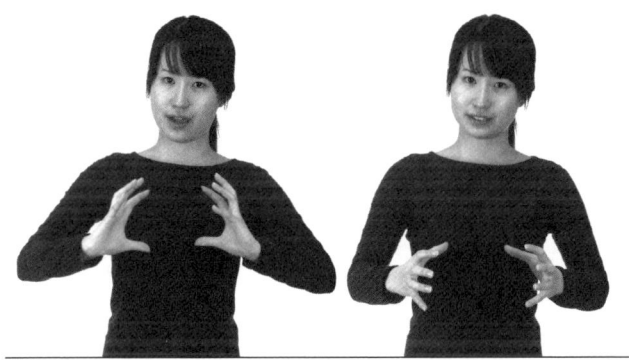

나라

나라와

권세

권세와

영광이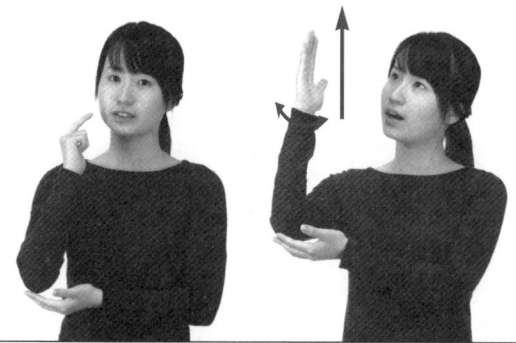
영광

아버지께
아버지   에게

영원히
영원

있다　　　　입니다　　　　있사옵나이다

아멘　　　　아멘

사도신경 (개역한글)

전능하사 천지를 만드신
하나님 아버지를 내가 믿사오며,
그 외아들 우리 주 예수 그리스도를
믿사오니,
이는 성령으로 잉태하사
동정녀 마리아에게 나시고,
본디오 빌라도에게 고난을 받으사
십자가에 못박혀 죽으시고,
장사한 지 사흘 만에 죽은 자 가운데서 다시 살아나시며,
하늘에 오르사, 전능하신 하나님
우편에 앉아 계시다가,
저리로서 산 자와 죽은 자를 심판하러 오시리라,
성령을 믿사오며 거룩한 공회와,
성도가 서로 교통하는 것과,
죄를 사하여 주시는 것과,
몸이 다시 사는 것과,
영원히 사는 것을 믿사옵나이다. 아멘.

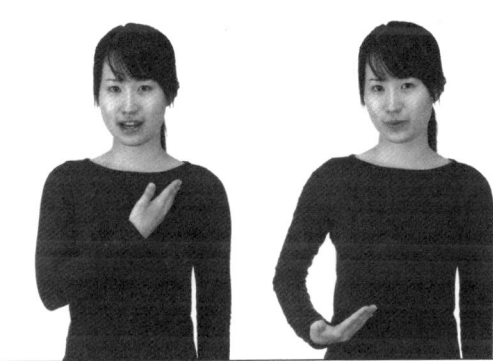

사도

사도

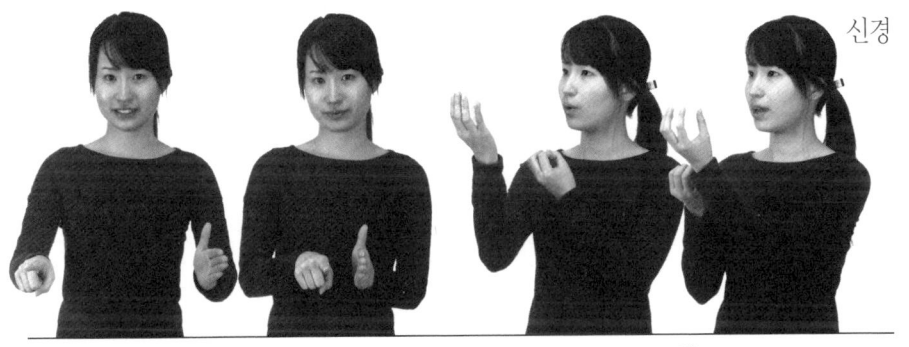

밀다　　　　　　　　　　　고백

신경

전능하다

전능하사

천지를

천지

만드신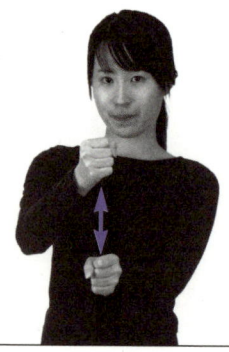

만들다

하나님

하나님

  아버지를

아버지

   내가 믿사오며

나 믿음

   그 외

그 오직

아들

아들

우리 주

우리　　　　　　　　주

예수

예수

그리스도를

그리스도

민사오며

믿다   때문에

이는

그

성령으로

성령

잉태하사

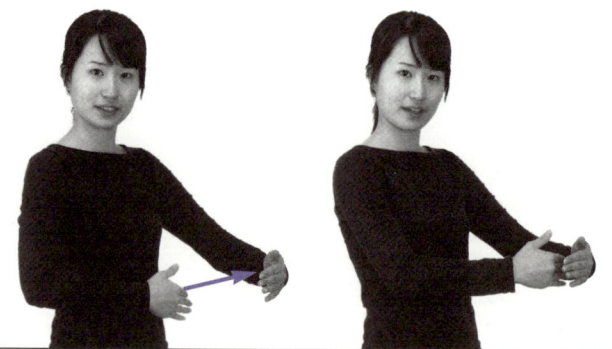

잉태

동정녀

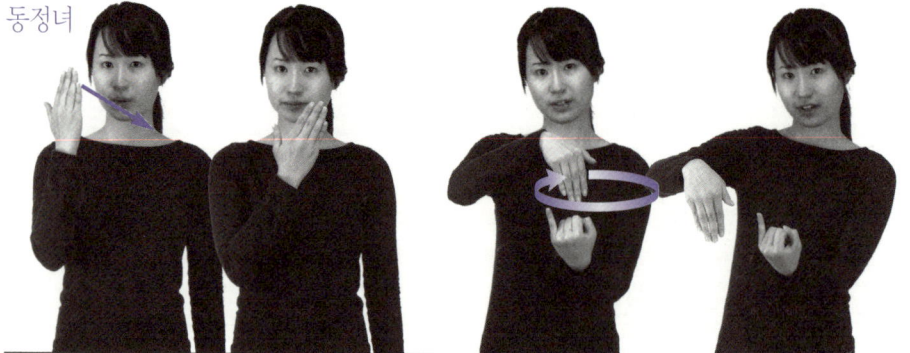

순수한   미혼

마리아　　　　　　　에게　　　　　마리아에게

나시고

낳다

본디오 빌라도　　　　　에게　　　　본디오
　　　　　　　　　　　　　　　　　빌라도에게

고난을

고난

받으사

받다

십자가에

십자가

못박혀

못박히다

죽으시고

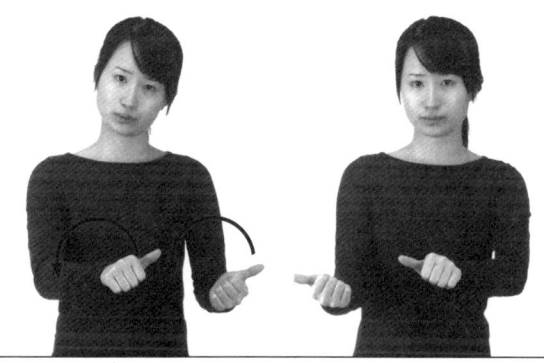

죽다

장사한지

무덤

사흘 만에

삼(3)   ~만에

죽은

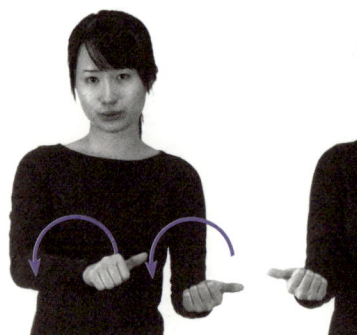 

죽다

자

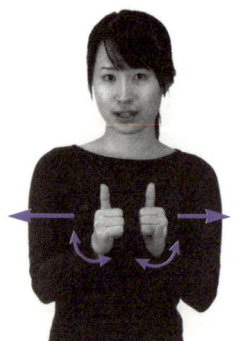 

사람

  가운데

가운데

  다시

또

  살아나시며

살다

하늘에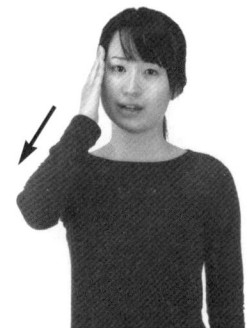
하늘

오르사
오르다

전능하신
전능하다

하나님

하나님

우편에 앉아

오른쪽   앉다

계시다가

계시다   다가

저리로써

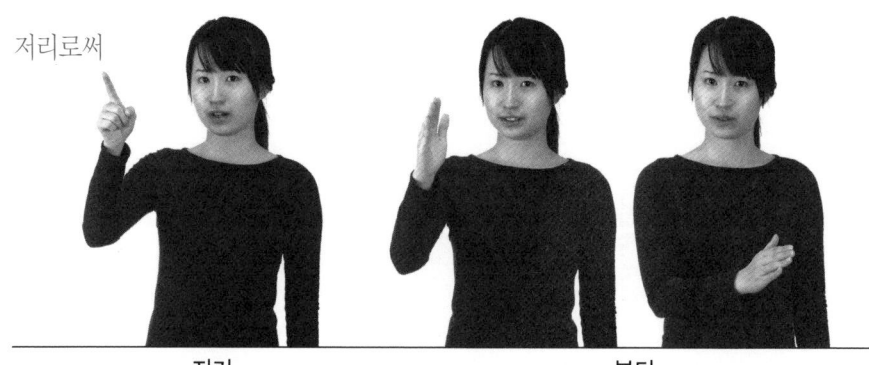

저기   부터

산

생기   계시다

자와

사람

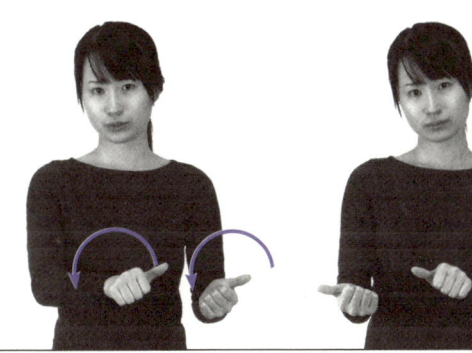
죽은

죽다

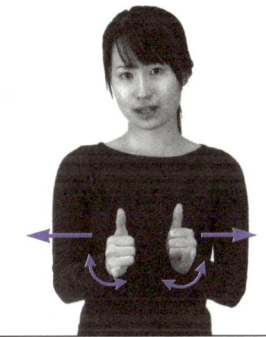

자를

사람

심판하러 오시리라

심판   오다

성령을

성령

믿사오며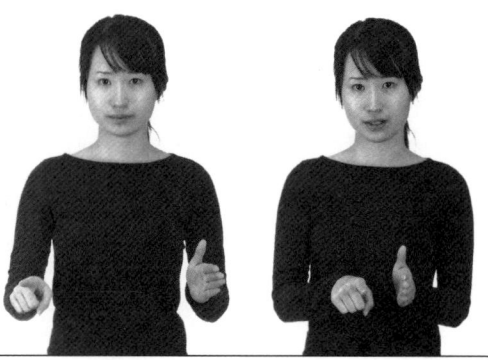

믿다

거룩한

거룩

공회와

공회

성도가

성도

서로

서로

교통하는 것과

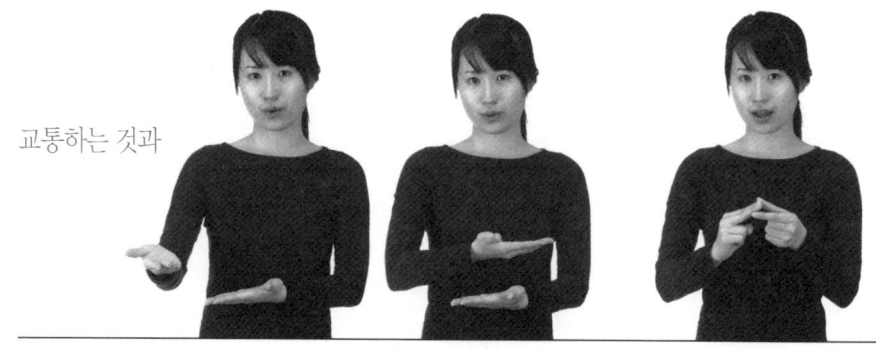

교제　　　　　　　함께

죄를

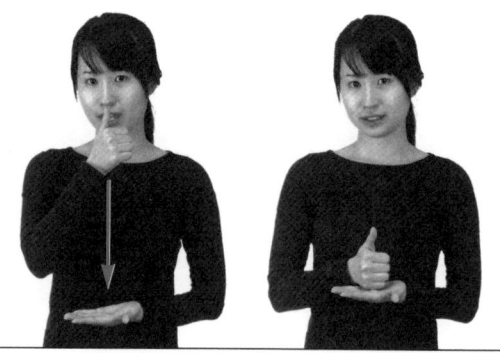

죄

사하여

용서

주시는 것과

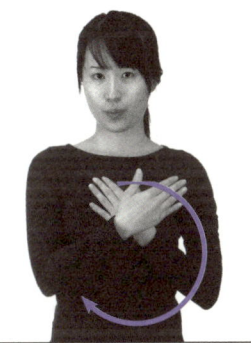 

몸이

몸

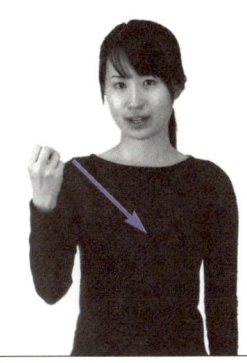 

다시

다시

사는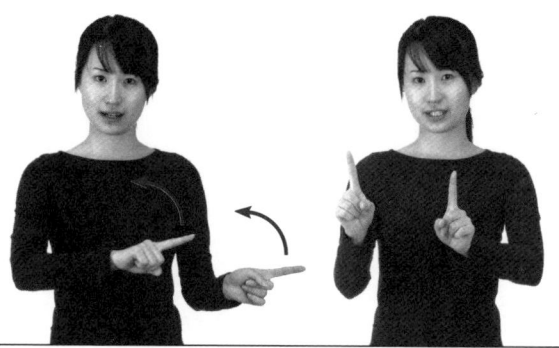
살다

것과
것 　　　함께

영원히
영원

사는 것을

살다 　　　　　 것

믿사옵나이다

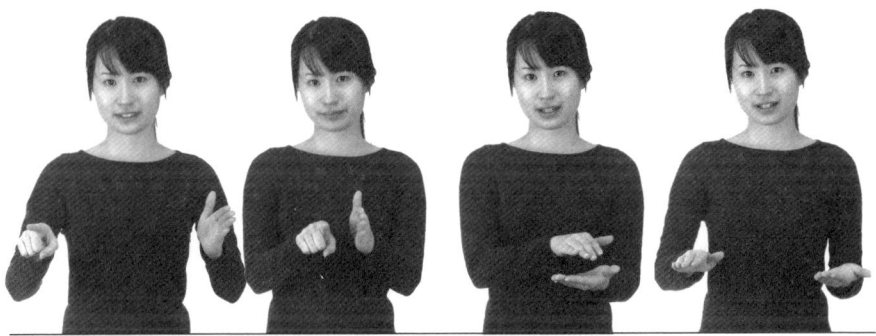

믿다 　　　　　　　　　 입니다

아멘

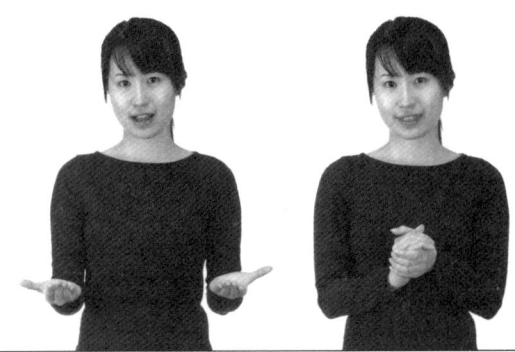

아멘

부록

구약

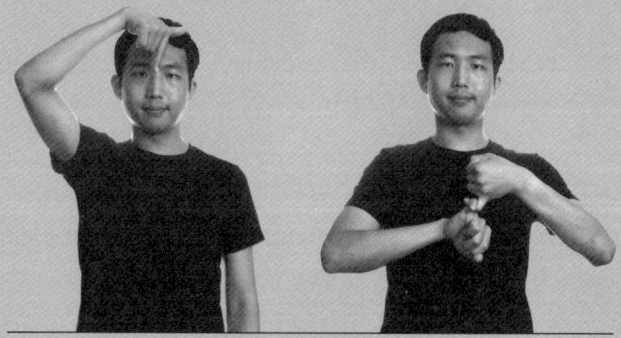

구약

창세기

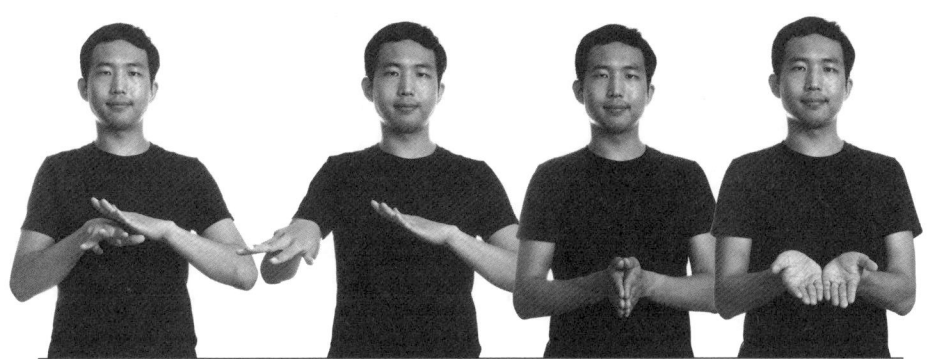

출애굽기

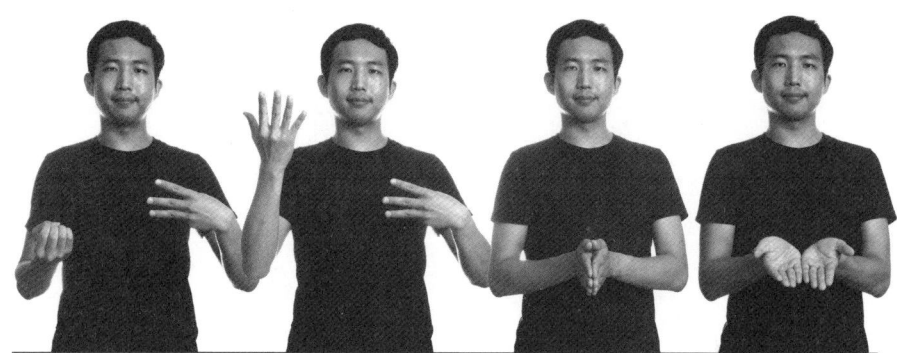

레위기

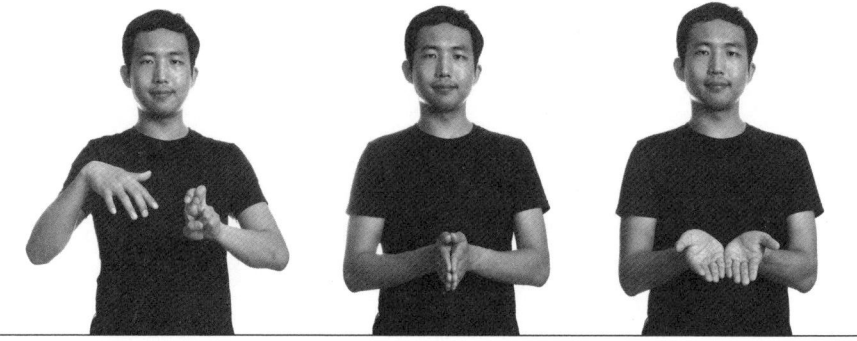

민수기

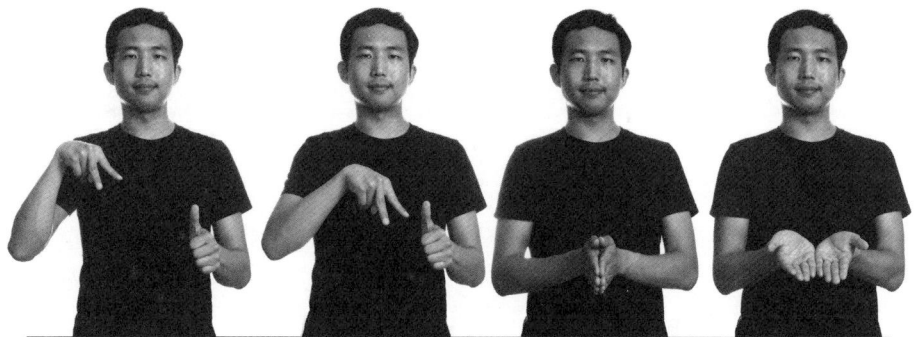

신명기

여호수아

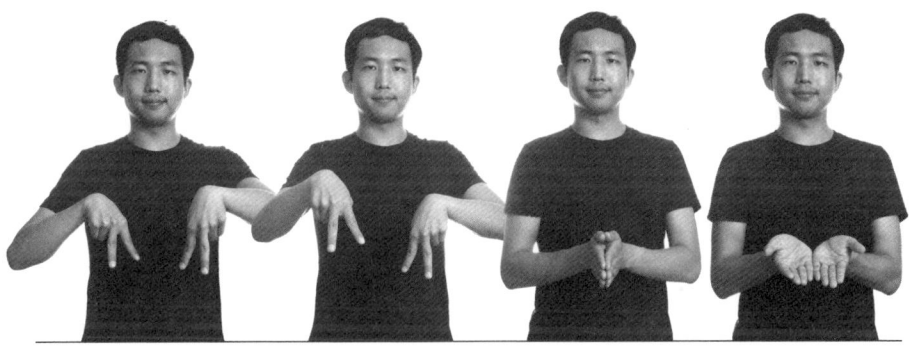

사사기

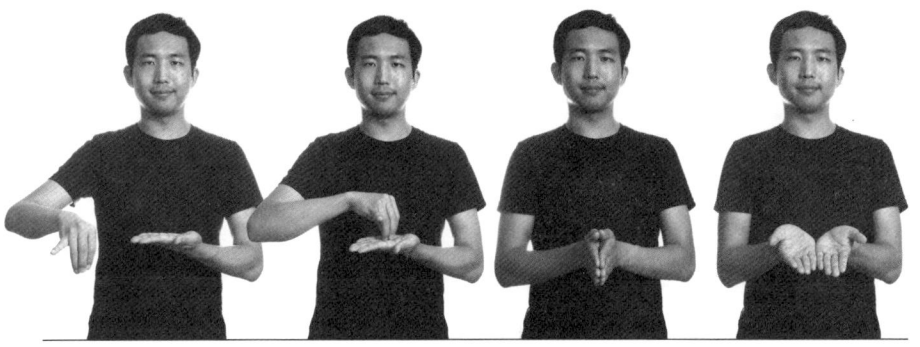

룻기

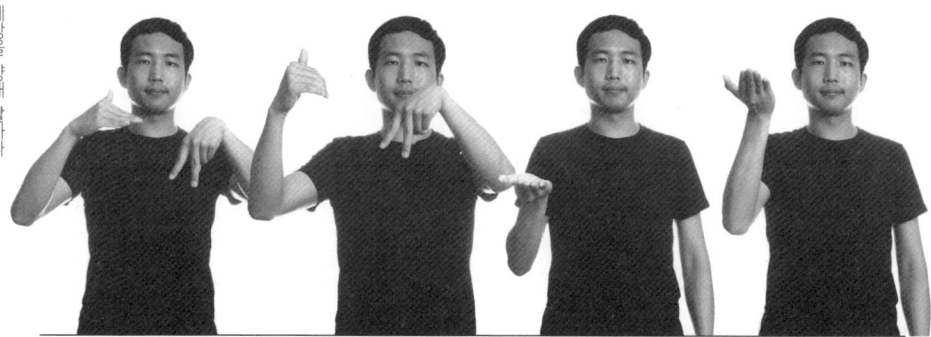

사무엘 상

사무엘 하

열왕기 상

열왕기 하

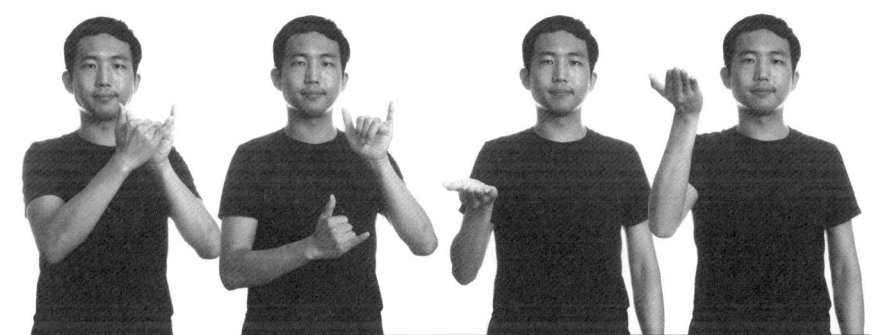

역대 상

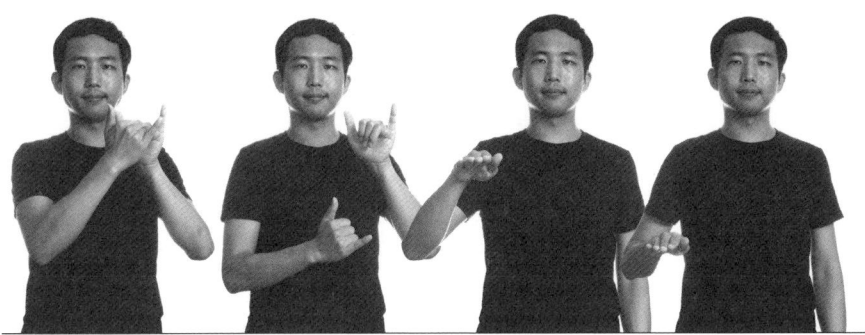

역대 하

에스라

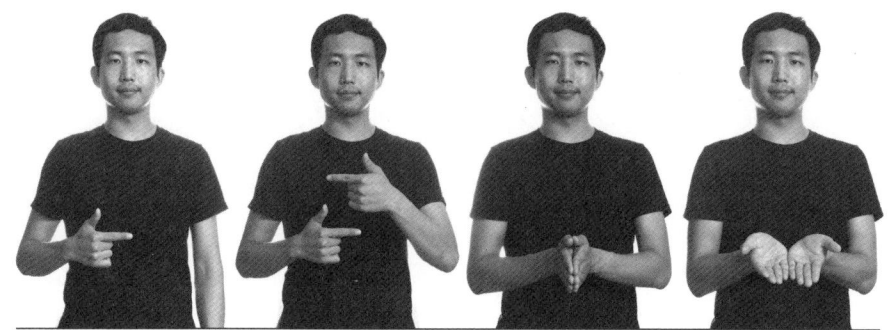
느헤미야

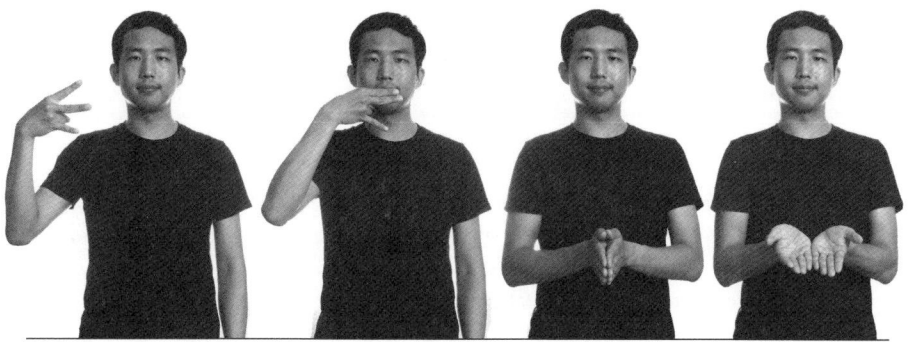
에스더

욥기

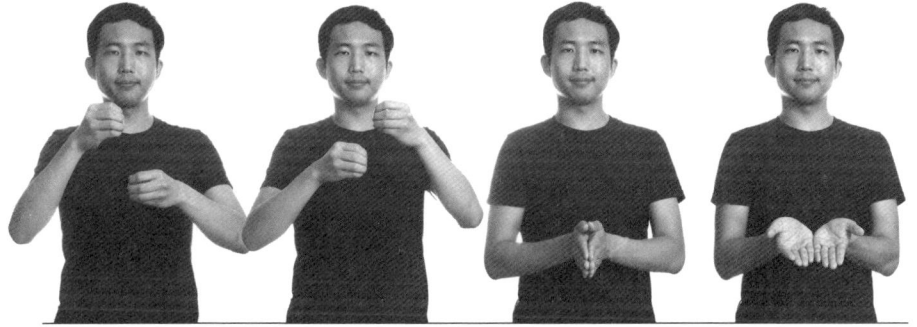

시편

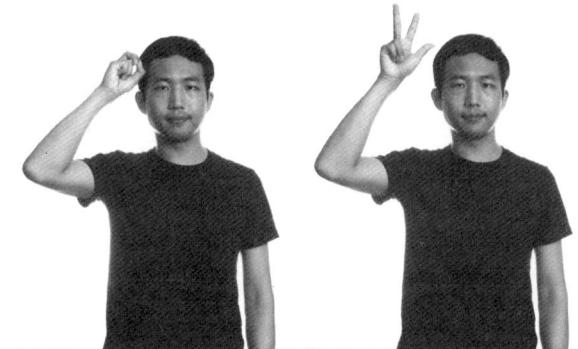

잠언

전도서

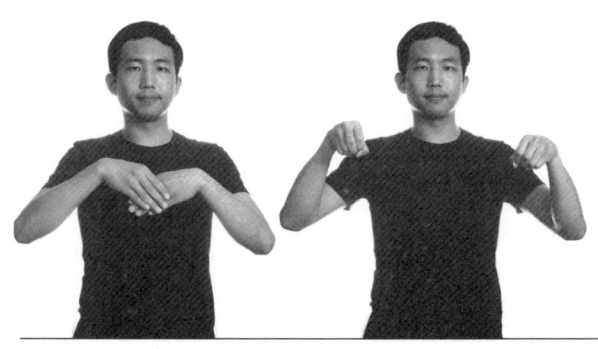

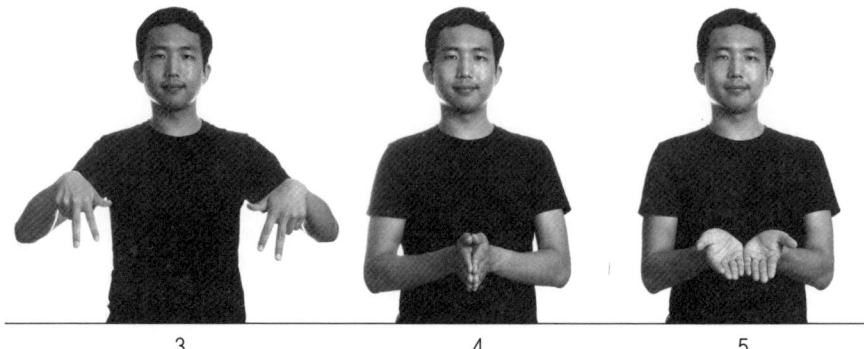

아가

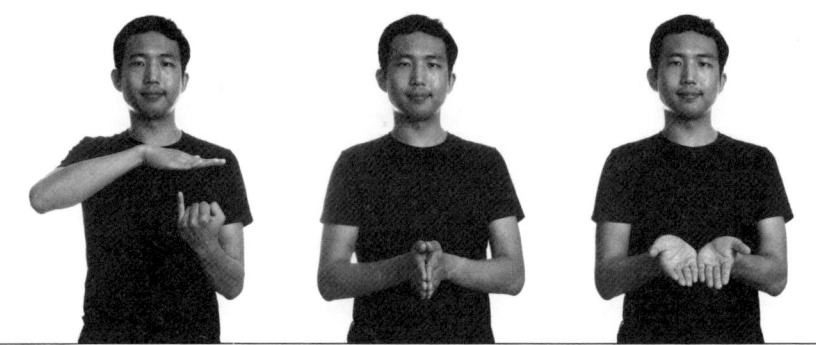

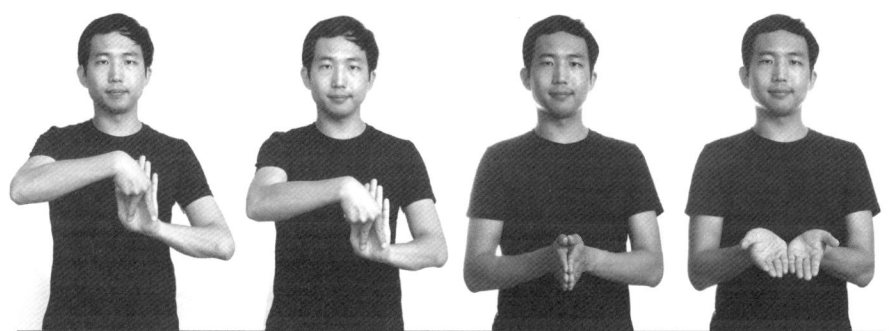
이사야

예레미야

예레미야애가

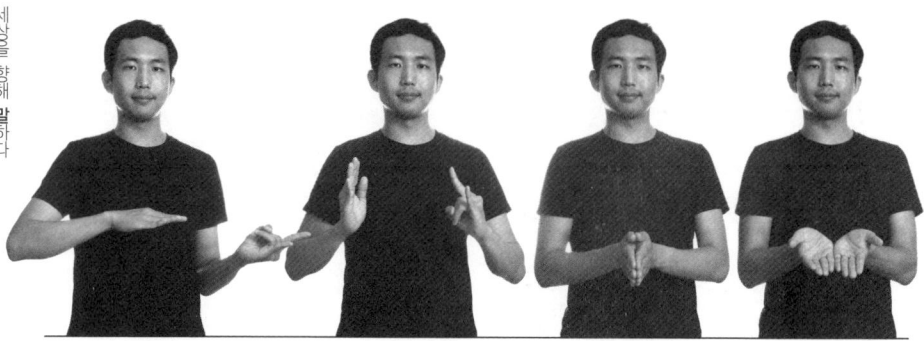

에스겔

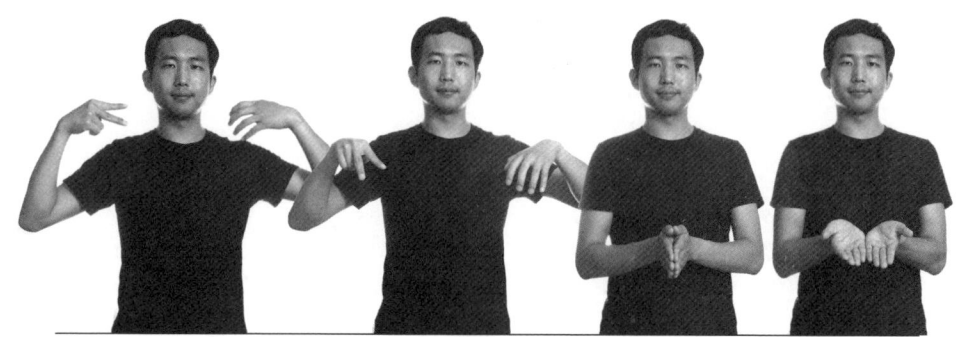

다니엘

호세아

요엘

아모스

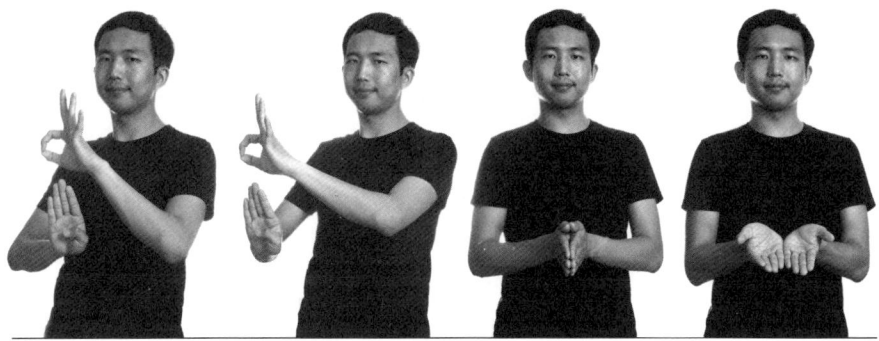

오바댜

요나

미가

나훔

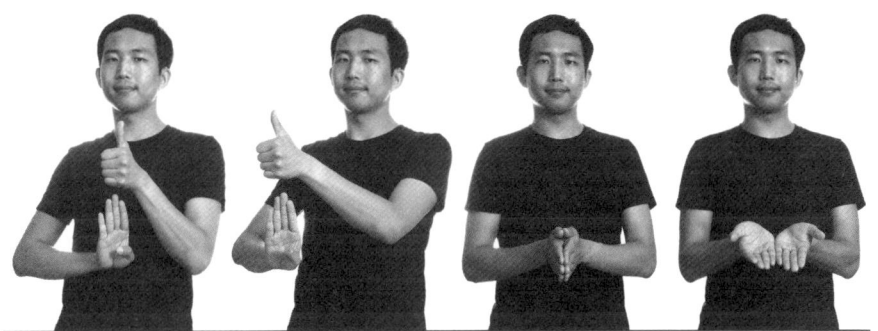

하박국

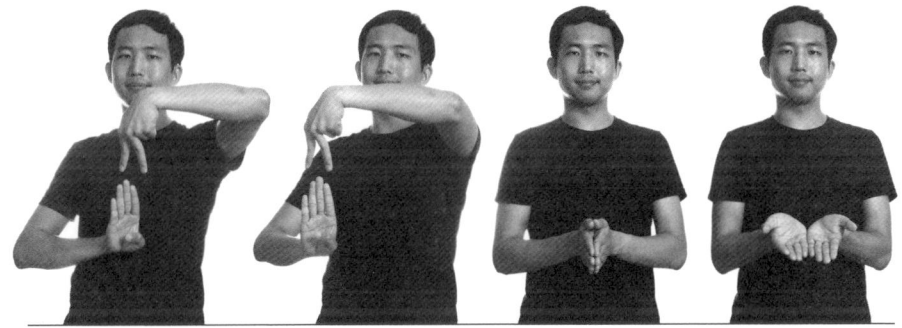

스바냐

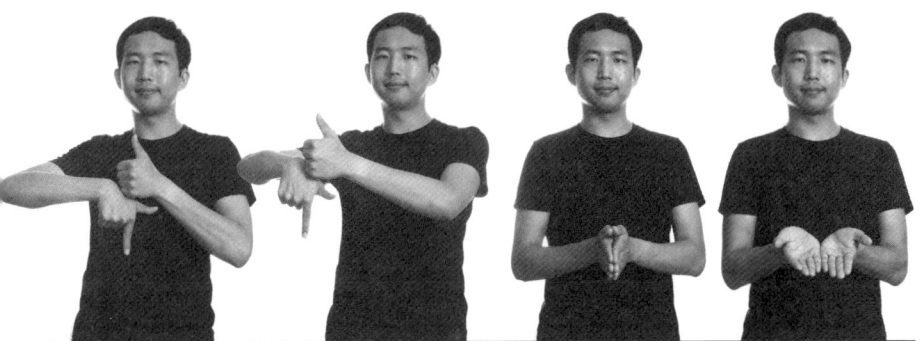

학개

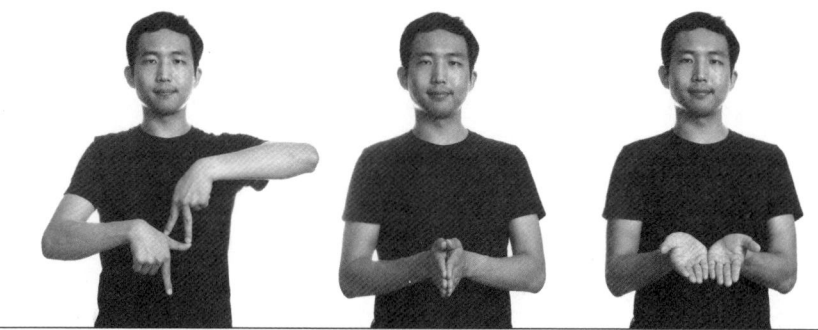

스가랴

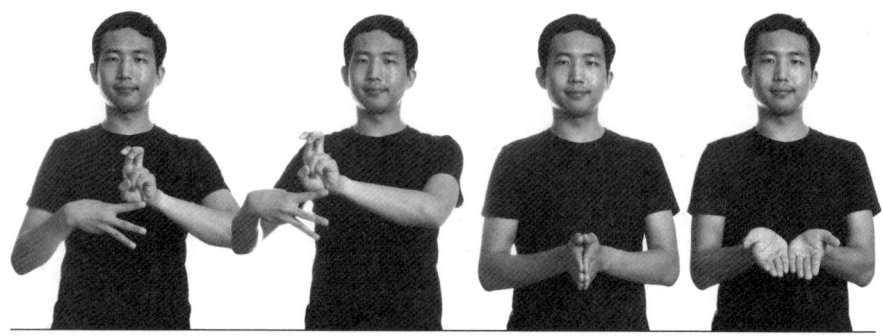

말라기

신
약

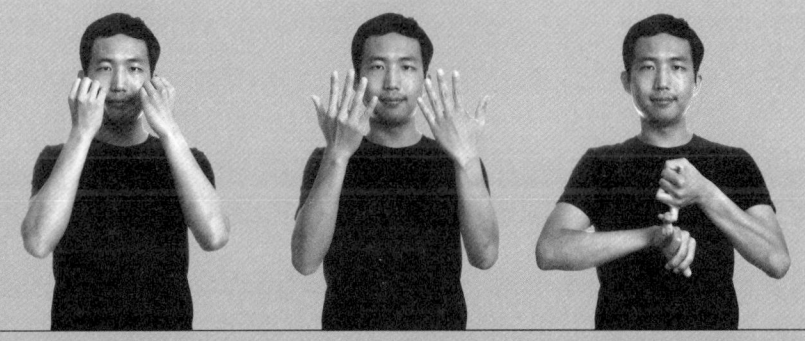

신약

마태복음   1   2

3   4   5

마가복음

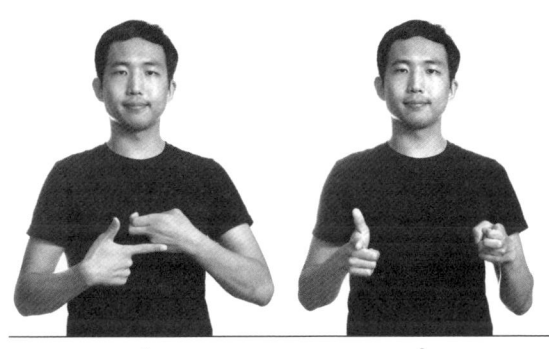

누가복음

요한복음

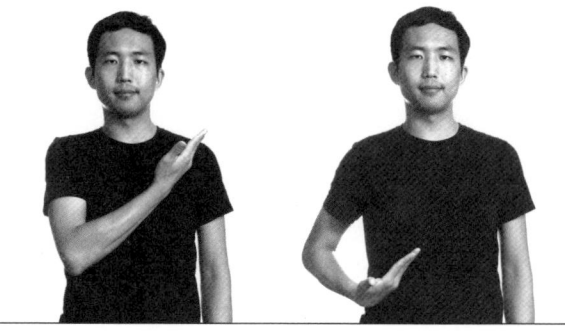

사도행전   1   2

3   4   5   6

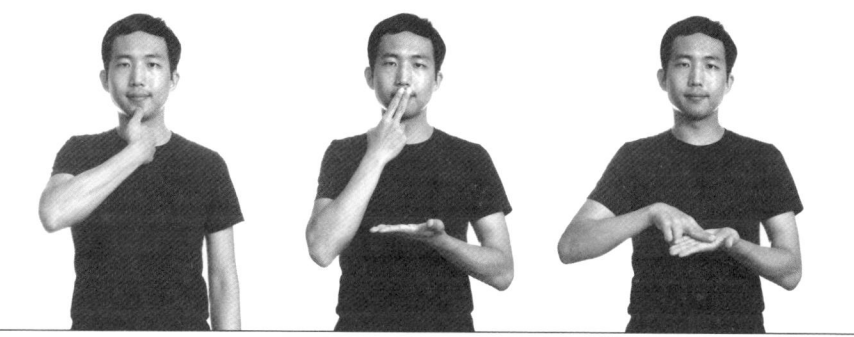

로마서

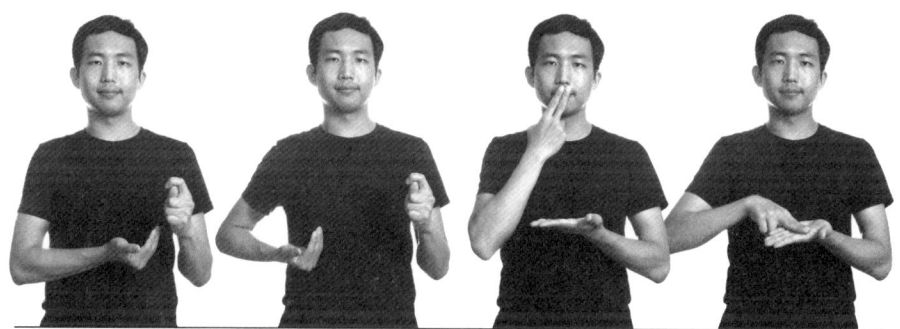

고린도전서

고린도후서

갈라디아서

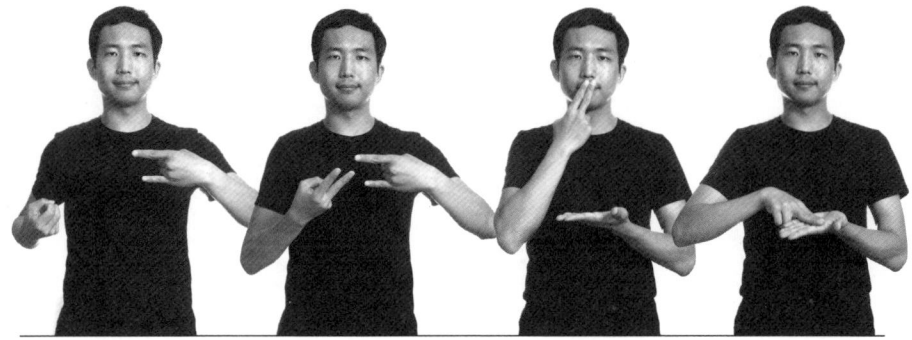

에베소서

빌립보서

골로새서

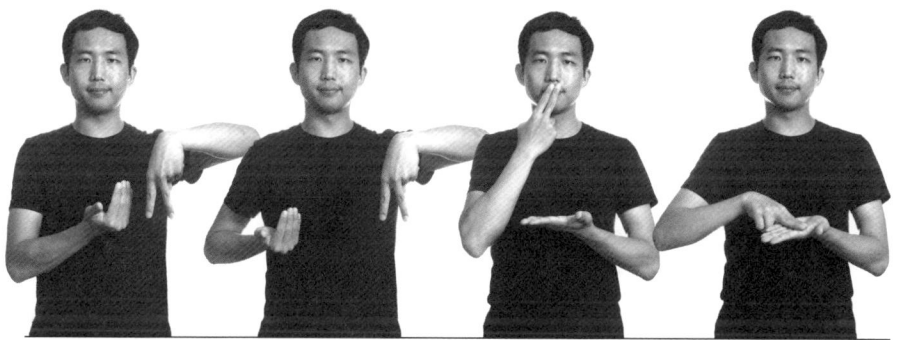

데살로니가전서

데살로니가후서

디모데전서

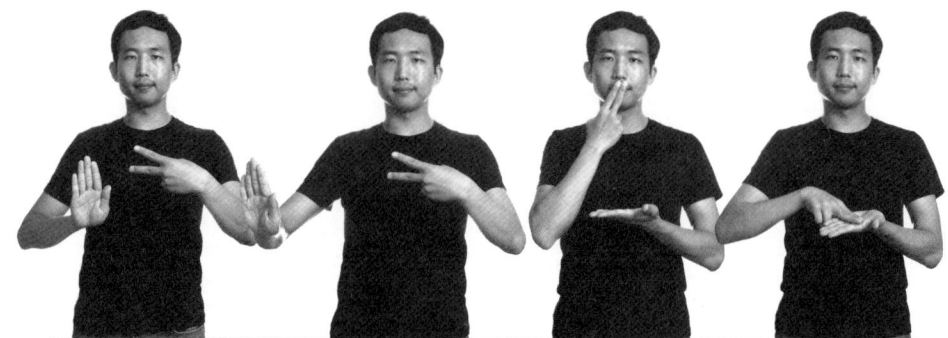

디모데후서

디도서

1   2

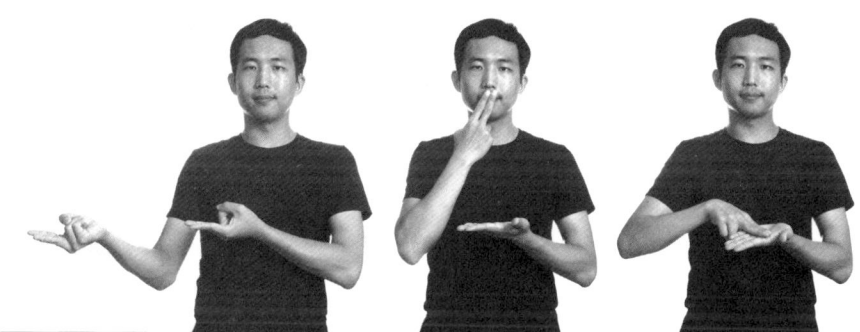

3   4   5

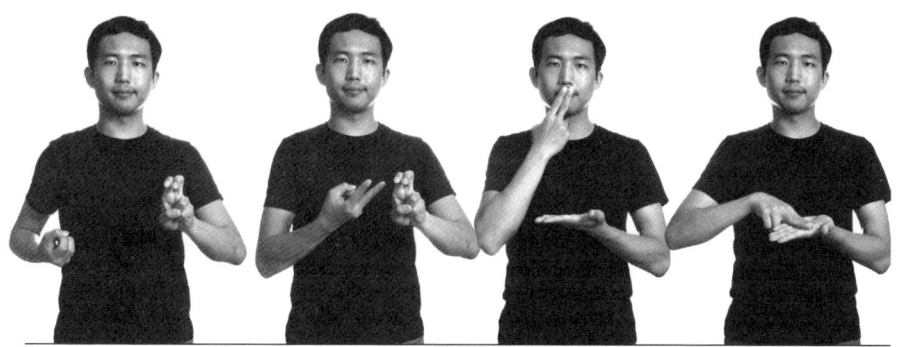

빌레몬서

히브리서

야고보서

베드로전서   1   2   3

4	5	6

베드로후서

1	2	3

4	5	6

250

요한일서

1　　　　　　2　　　　　　3

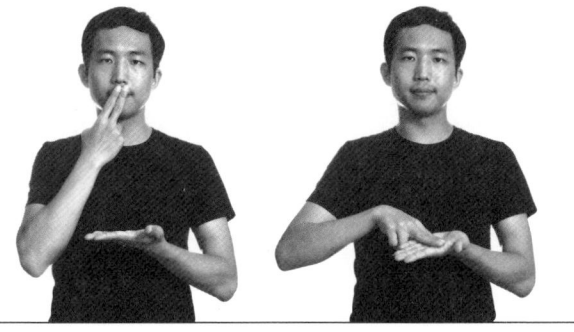

4　　　　　　5

요한이서

1　　　　　　2　　　　　　3

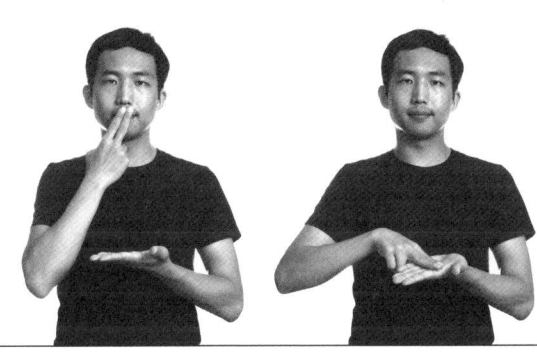

요한삼서

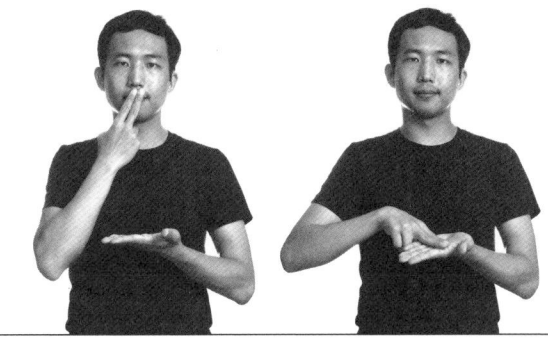

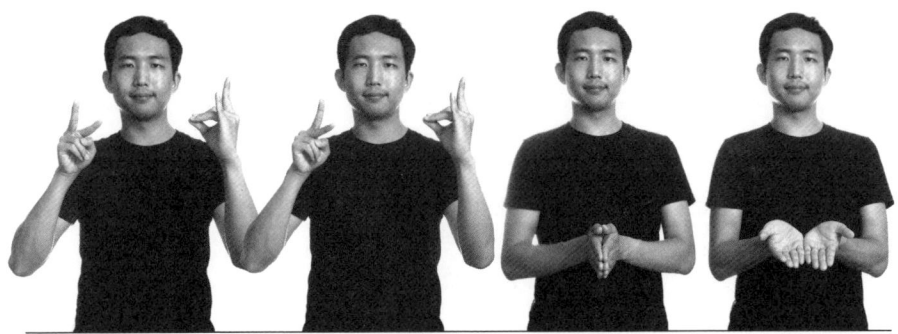

유다서

요한계시록

주기도문 (새번역)

하늘에 계신 우리 아버지
아버지의 이름이 거룩하게 하시며
아버지의 나라가 오게 하시며
아버지의 뜻이 하늘에서와 같이
땅에서도 이루어지게 하소서
오늘 우리에게 일용할 양식을 주시고
우리가 우리에게 잘못한 사람을
용서하여 준 것 같이
우리 죄를 용서하여 주시고
우리를 시험에 빠지지 않게 하시고,
악에서 구하소서
나라와 권능과 영광이
영원히 아버지의 것입니다.
아멘

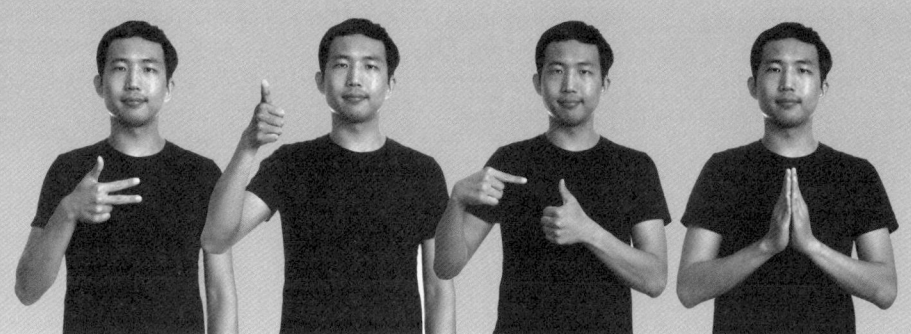

출처 : 한국기독교수어연구소 [수어역판] 주기도문 (http://www.deafkbible.com/102)

하늘에 계신
우리 아버지

하늘 ❶

계시다 　　　　　　　　　　　우리

아버지 　　　　　　　　　　　부르다 ❷

아버지의
이름이
거룩하게
하시며

아버지

이름

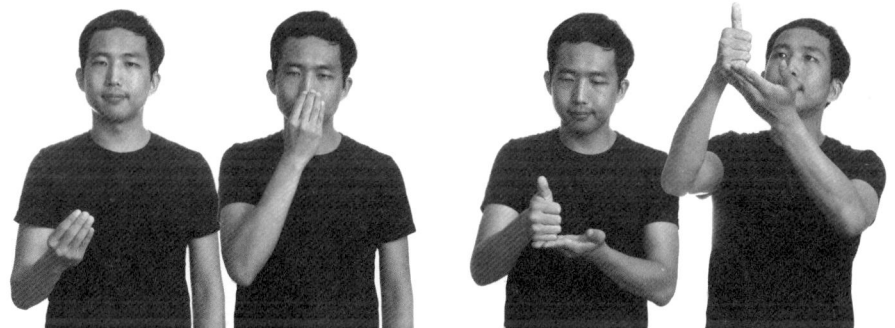

거룩하다   높이다

하소서

아버지의
나라가
오게 하시며

아버지

오시다 ❸

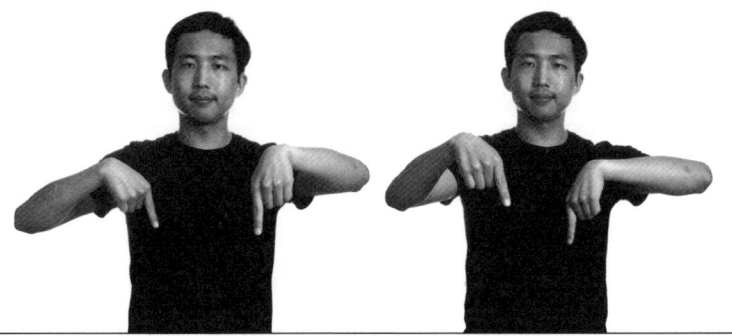

다스리다

하소서

TIP

❶ 하늘은 보통 '파랑'+'밝다'로 표현하는데 여기서는 '밝다'로 표현했습니다.
❷ '우리'+'아버지'를 표현한 위치를 향해 아버지를 부르는 동작을 합니다.
  농인들은 누군가를 부를 때 이름을 부르지 않고 손짓하여 상대가 보도록 합니다.
❸ "아버지의 나라가 오다"를 '아버지께서 오시어 다스리다'로 표현합니다.

아버지의
뜻이
하늘에서와
같이

하늘　　　　　　장소 ❹

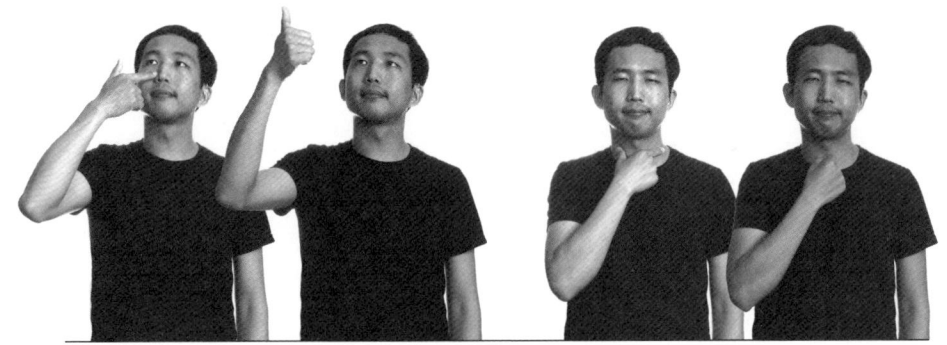

아버지　　　　　　원하다

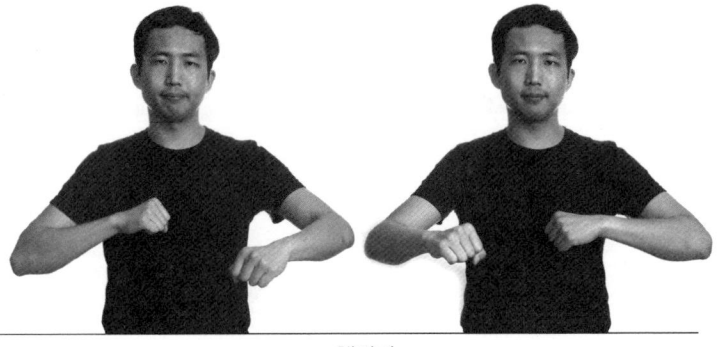

행하다

땅에서도 이루어지게 하소서

이루다

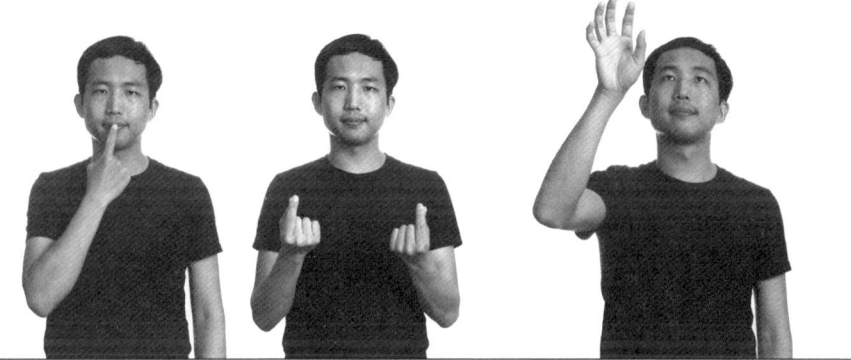

처럼   하늘

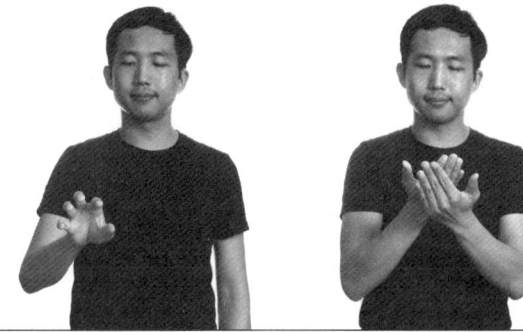

땅 ❺   하소서

오늘
우리에게
일용할 양식을
주시고

우리

필요하다

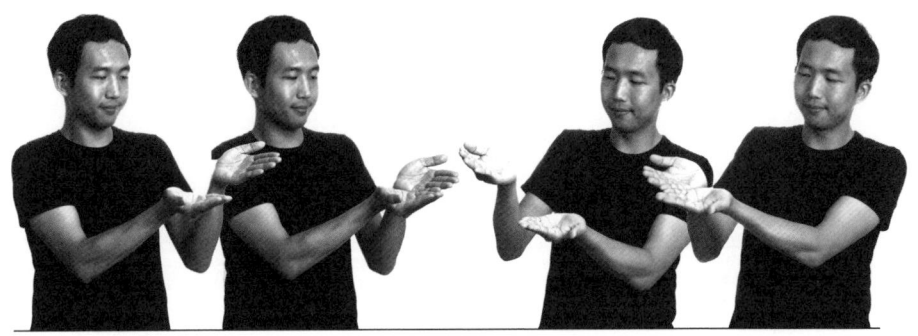
맞추다 ❻

양식　　　　　　　　　　오늘 ❼

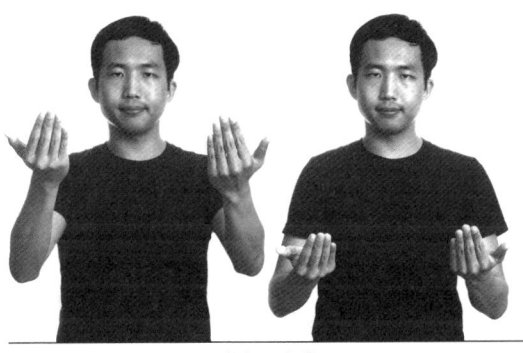 

내려주다 ❽　　　　　　　　　하소서

TIP

❹ "아버지의 뜻"을 "하늘에 계신 아버지가 원하시는 대로 행하다"로 표현합니다.
❺ "하늘에서와 같이 땅에서도"는 하늘을 상징하는 위 위치에서 땅을 상징하는 아래 위치로 이동하여 표현합니다.
❻ '맞추다'를 한쪽 공간과 다른 쪽 공간에 한 번씩 표현하여 "각 사람의 필요에 맞추어주신다"는 의미를 표현합니다.
❼ 문장의 순서를 바꾸어 '오늘'을 '일용할 양식' 다음에 표현합니다.
❽ 하늘에서 우리에게 내려 주신다는 의미를 위해 '주다'의 동작을 위에서 아래로 합니다.

우리가
우리에게
잘못한 사람을
용서하여 준 것
같이

우리 　　　　　서로 ❾

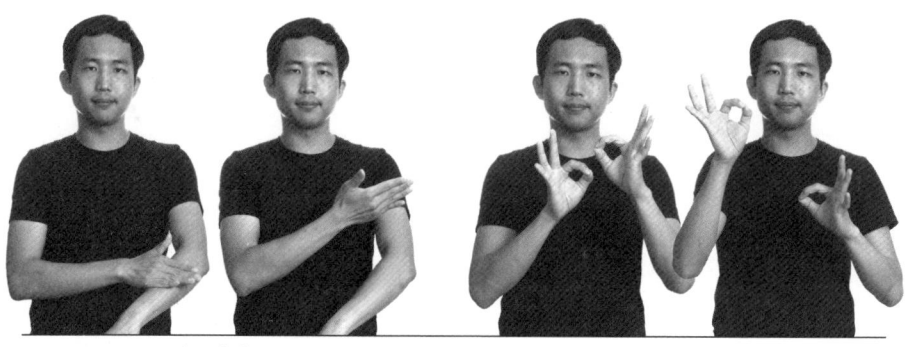

잘못하다 　　　　　실수하다

용서하다 　　　　　주다 / 받다 ❿

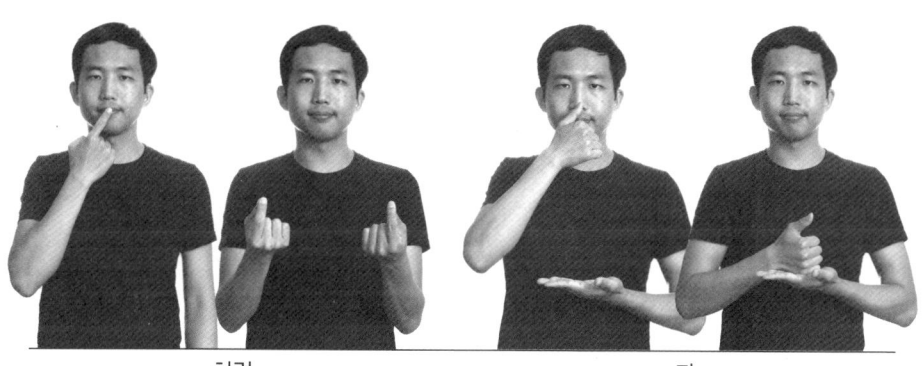

처럼　　　　　　　　죄

우리
죄를 용서하여
주시고

저지르다 ⓫　　　　　우리

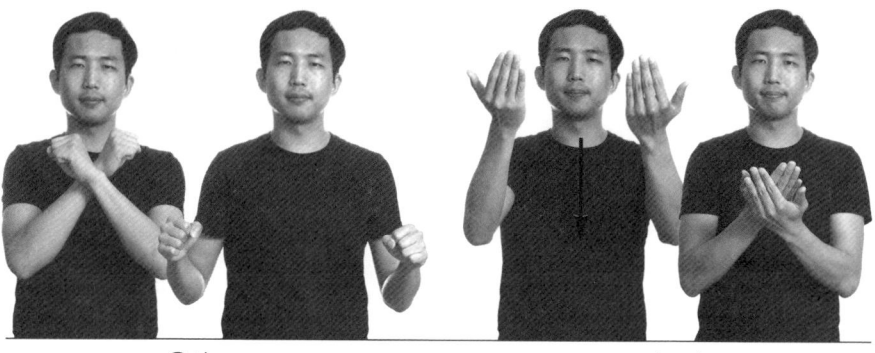

용서　　　　　　　하소서

우리를
시험에 빠지지
않게 하시고,
악에서
구하소서

우리

시험

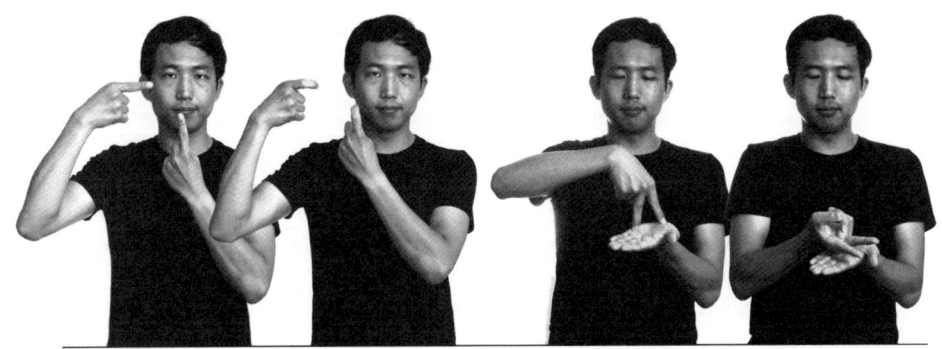

유혹 넘어지다 ⓛ²

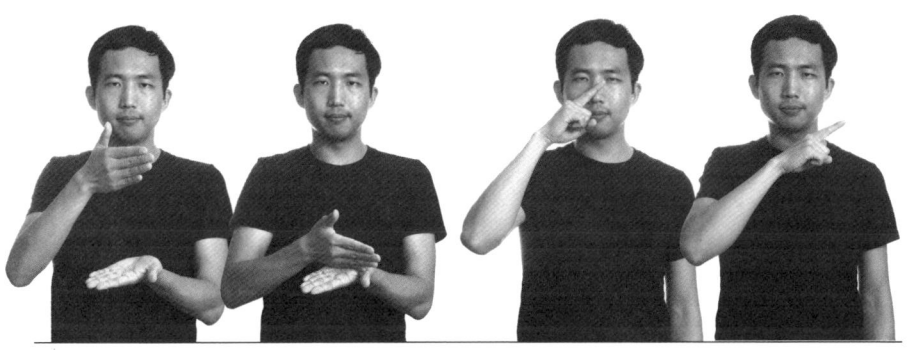

말다　　　　　　　　　악하다

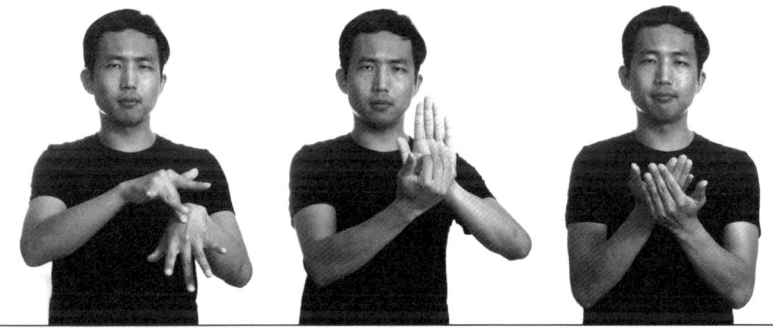

귀신 ⓭　　　　막다　　　　하소서

TIP

❾ "우리가 우리에게"에서 서로의 의미를 분명하게 나타내고자 '서로'를 넣어 표현합니다.

❿ "우리가 서로의 잘못을 용서하여 주다"는 의미를 표현하고자 '주다'를 두 방향으로 표현하여 '내가 남에게'와 '남이 나에게'라는 의미를 표현합니다.

⓫ 반복되는 우리의 죄를 양손으로 반복하여 표현합니다. '우리의 죄'의 순서를 바꾸어 '죄를 범한 우리'로 표현합니다.

⓬ "시험에 빠지다"를 '시험과 유혹에서 실족하다'로 표현합니다.

⓭ "악에서 구하다"를 '악한 마귀를 막다'로 표현합니다.

나라와
권능과 영광이
영원히
아버지의 것입니다.
아멘

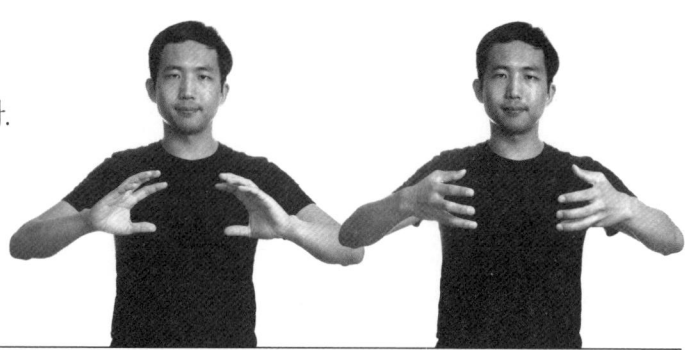

나라

권능　　　　　　　　　영광

지시 ⓮　　　　　　　　아버지

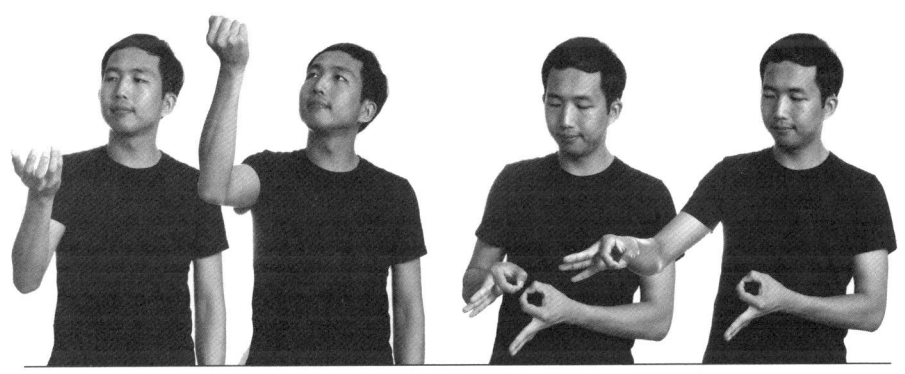

소유　　　　　　영원 ⑮

아멘

TIP

⑭ '나라, 권세, 영광'을 표현한 다음 이들을 검지로 가리켜서 '나라, 권세, 영광'을 분명하게 표현합니다.

⑮ '영원히 아버지의 것입니다'는 순서를 바꾸어 '아버지의 것입니다. 영원히'로 표현합니다.

부록

사도신경 (새번역)

나는 전능하신 아버지 하나님
천지의 창조주를 믿습니다.
나는 그의 유일하신 아들,
우리 주 예수 그리스도를 믿습니다.
그는 성령으로 잉태되어
동정녀 마리아에게서 나시고
본디오 빌라도에게 고난을 받아
십자가에 못 박혀 죽으시고
장사된 지 사흘 만에 죽은 자 가운데서
다시 살아나셨으며 하늘에 오르시어
전능하신 아버지 하나님
우편에 앉아 계시다가
거기로부터 살아있는 자와 죽은 자를
심판 하러 오십니다.
나는 성령을 믿으며,
거룩한 공교회와 성도의 교제와 죄를
용서 받는 것과
몸의 부활과 영생을 믿습니다.
아멘

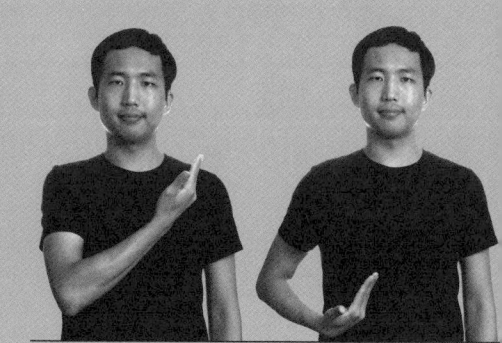
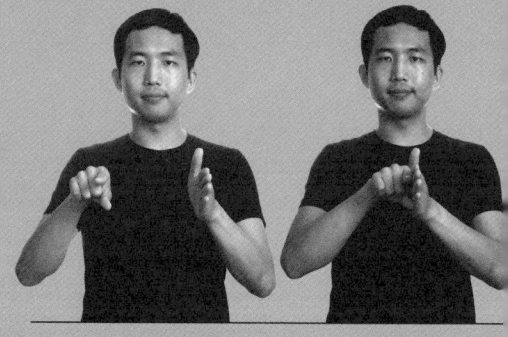
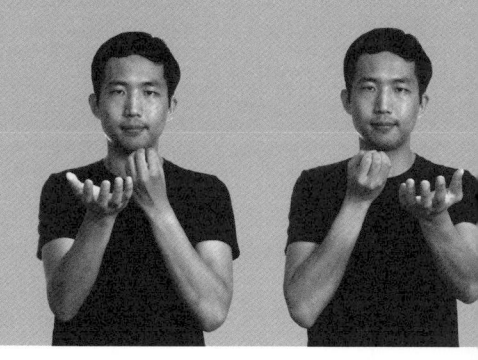

나는 전능하신 아버지

나

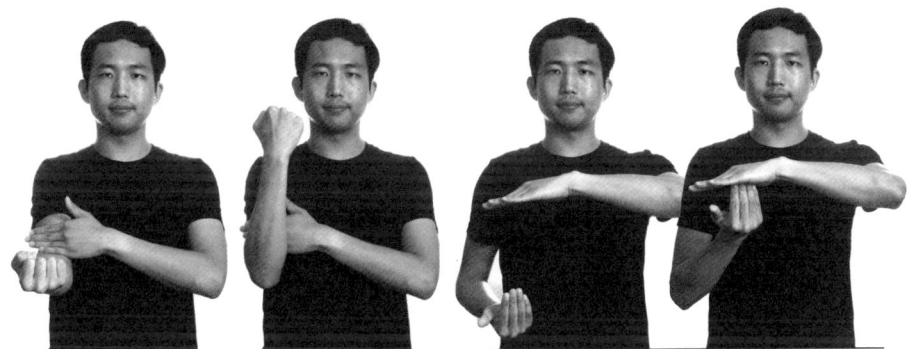

전능하다

아버지

하나님
천지의 창조주를
믿습니다.

하나님 ❶

천지

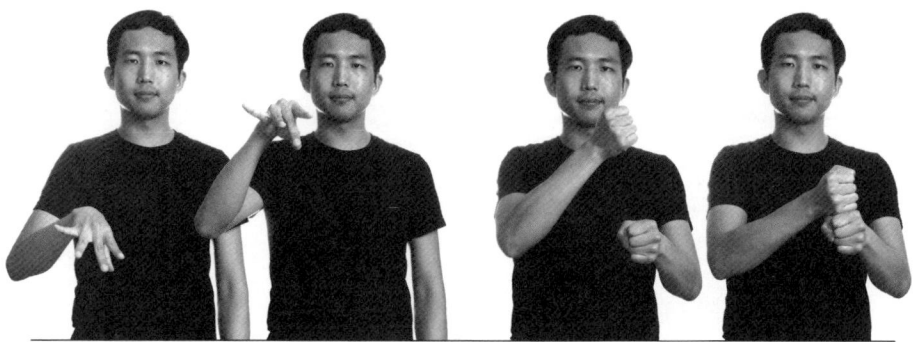

처음　　　　　　　　　　만들다 ❷

주

주에 속하다 ❸

믿다

나는
그의 유일하신
아들,

나

지시 ❹

유일하다

하나

아들

지시 ❺

우리 주
예수 그리스도를
믿습니다.

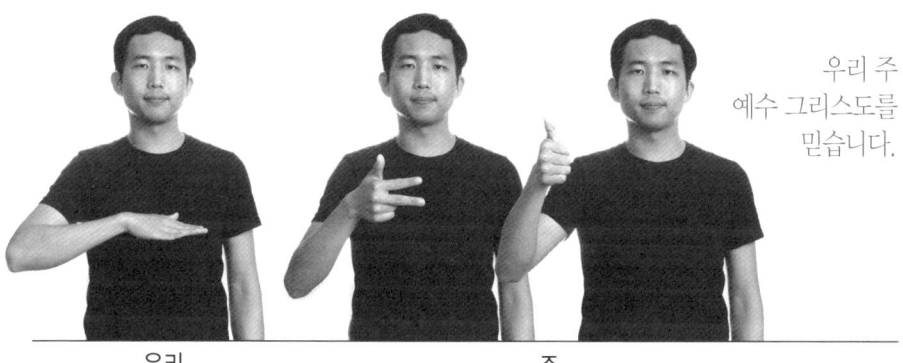

우리   주

예수   그리스도

믿다

그는 성령으로
잉태되어 동정녀
마리아에게서
나시고

그 ❻

깨끗하다

처녀　　　　　　　　　마리아

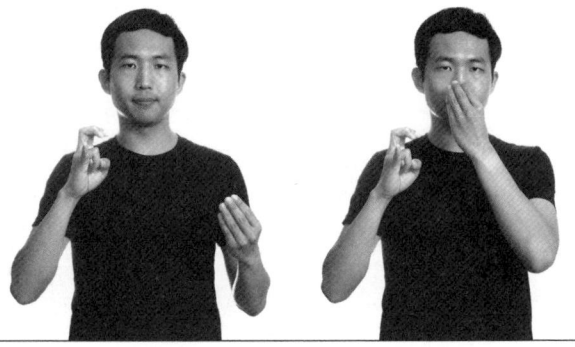
성령

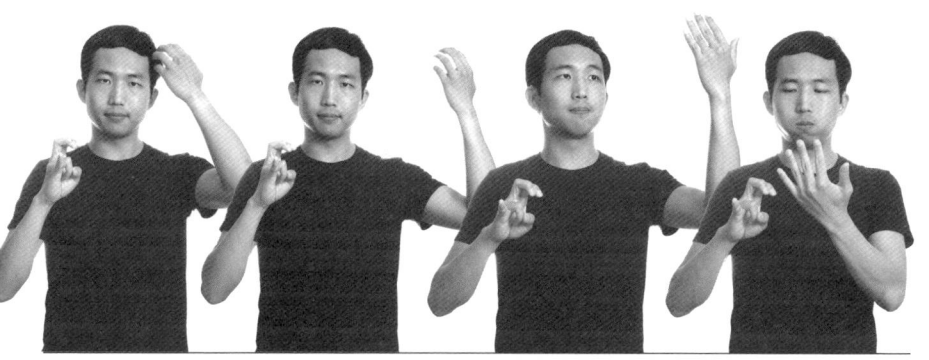

성령이 하늘에서 마리아에게 임하다

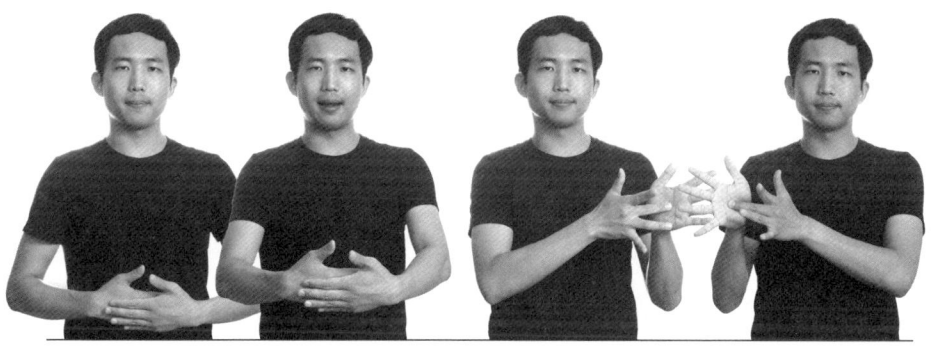

잉태하다 ❼   예수

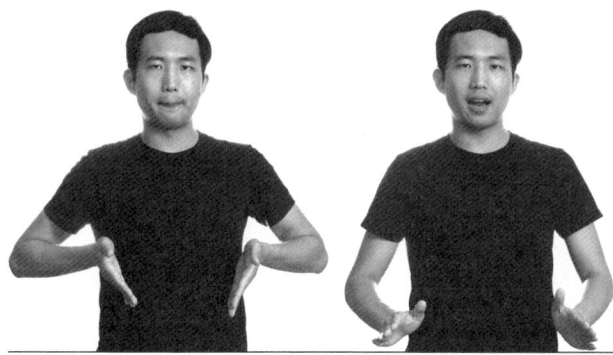

낳다 ❽

본디오
빌라도에게
고난을 받아
십자가에
못 박혀 죽으시고

빌라도

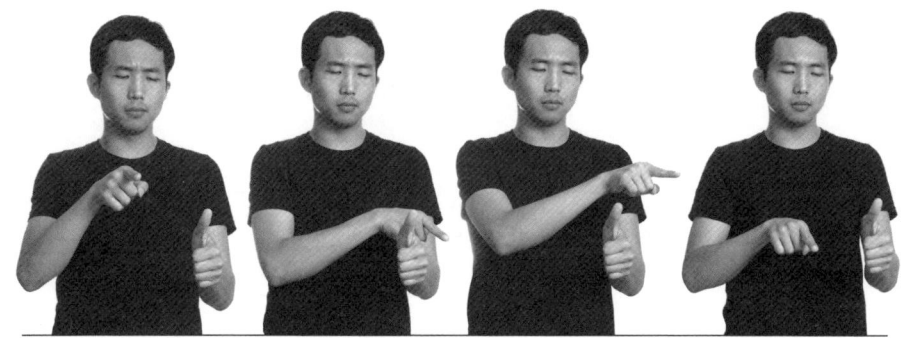

채찍을 맞다

고난   받다

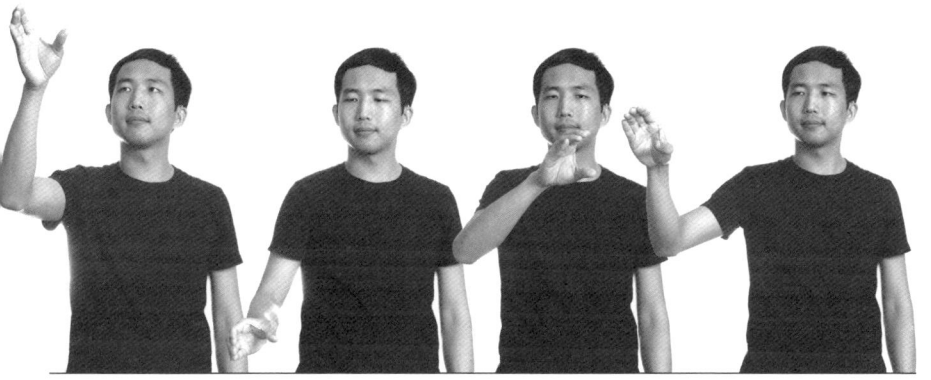

십자가

두손 　　　　　　　죽다

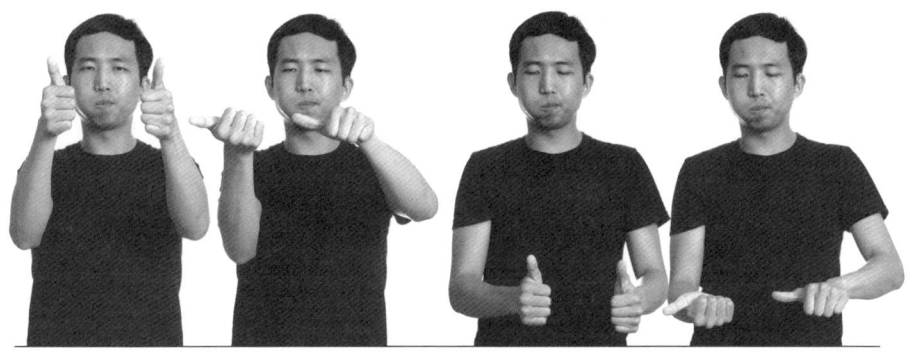

죽다 ❾

장사된 지
사흘 만에 죽은 자
가운데서
다시 살아나셨으며

장사하다

독특하다 ❿

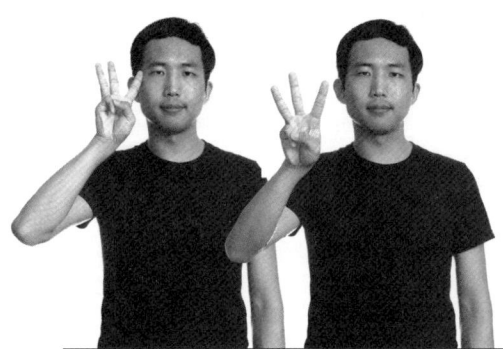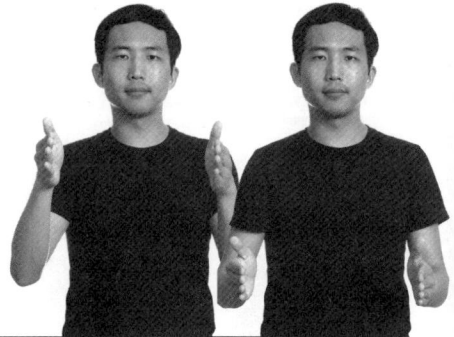

사흘　　　　　　　　　　　　만에

다시

살아나다

하늘

하늘에 오르시어
전능하신 아버지 하나님
우편에 앉아 계시다가

오르다

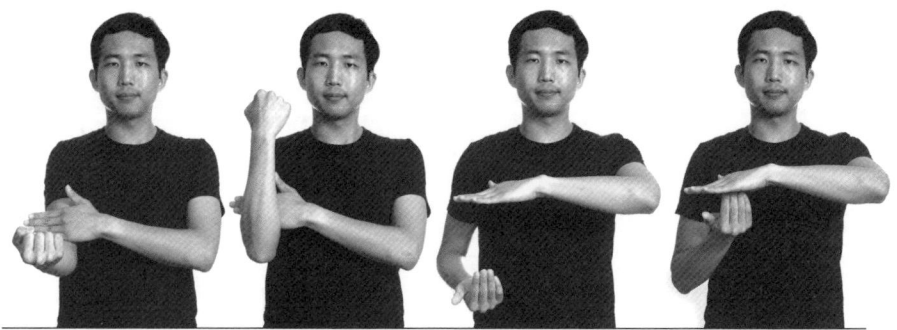

전능하다

아버지　　　　　　　하나님

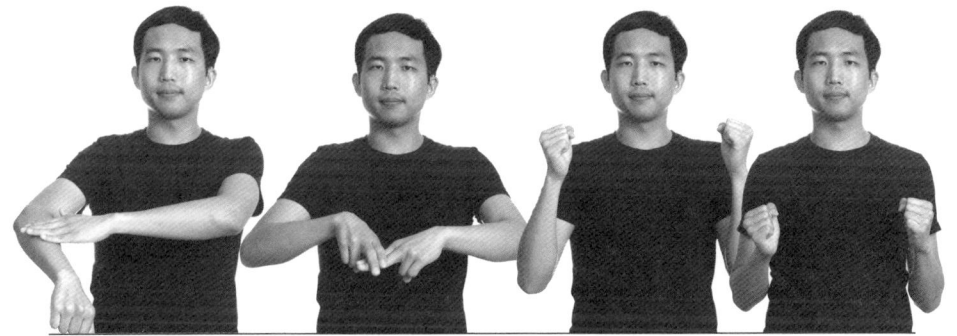

오른쪽　　　앉다　　　계시다

~다가

거기로부터
살아있는 자와
죽은 자를 심판 하러
오십니다.

지시 ⑪

장소   부터

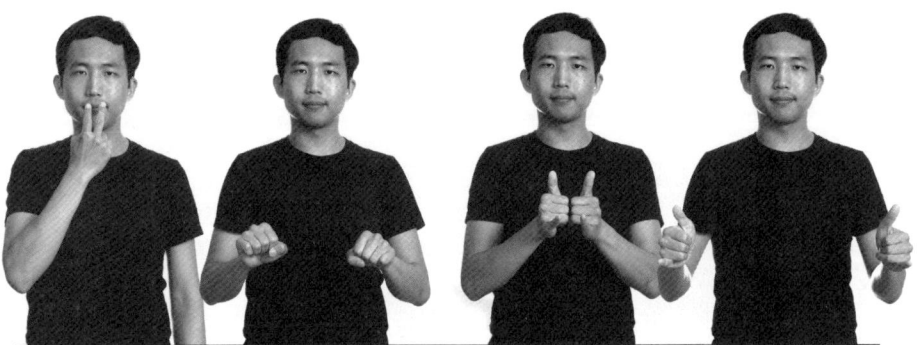

생명   존재하다   사람

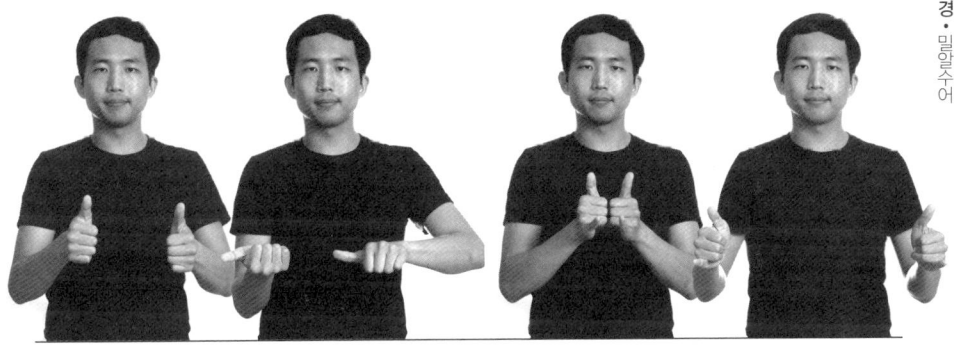

죽다　　　　　　　　사람

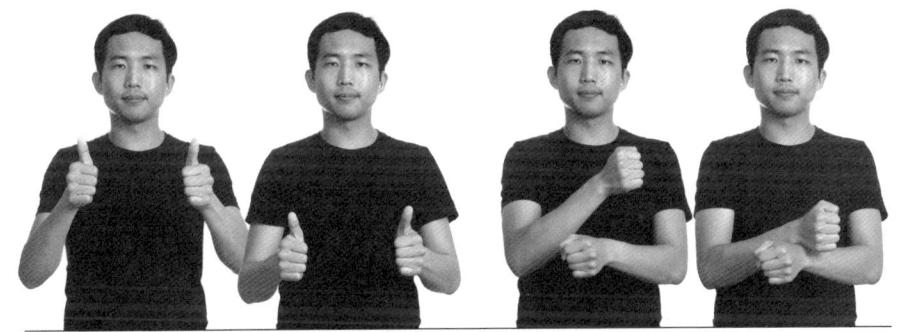

심판　　　　　　　　하다

목적　　　　　　　　오다 ⓬

나는
성령을 믿으며,

나

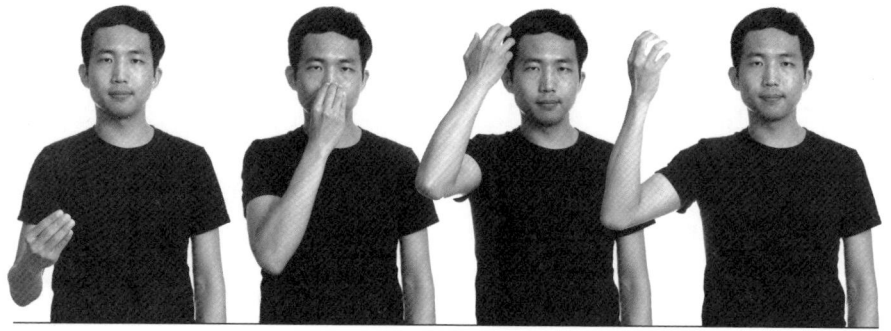

성령

믿다

TIP

❶ '아버지 하나님'을 나타낸 손을 검지로 가리켜 "아버지 하나님"이 문장의 주어임을 표현합니다.
❷ 하나님이 천지를 창조하실 때 만물을 지으신 것을 의미하기 위해 '만들다'를 수어 공간의 여러 위치에 반복하여 표현합니다.
❸ 주님께 천지가 속함을 나타내어 "창조주"를 표현합니다.
❹ 하나님을 나타내기 위해 하나님이 계신 곳이라고 상징하는 위 공간을 가리킵니다.
❺ 예수님을 나타내기 위해 예수님의 위치로 상징하는 왼쪽 공간을 가리킵니다.
❻ '예수님'을 나타낸 손을 검지로 가리켜 '예수님'이 문장의 주어임을 표현합니다.
❼ "마리아가 잉태하였음"을 나타내기 위해 입술을 다물었다가 벌립니다. 이 입모양은 사건이 끝남을 의미합니다.
❽ "마리아가 출산하였음"을 나타내기 위해 입술을 다물었다가 벌립니다. 이 입모양은 사건이 끝남을 의미합니다.
❾ 앞의 '죽다'를 위에서 아래로 이동하면서 세 차례 연속적으로 표현한 것은 죽은 자들을 의미합니다.
❿ 모든 사람은 죽으면 살아날 수 없지만 예수님께서는 죽은 자들 가운데서 살아나심이 대조되어 '독특하다'로 표현합니다.
⓫ 하늘을 상징하는 위 공간을 검지로 가리킵니다.
⓬ 하나님을 상징하는 위 공간에서 아래 공간으로 이동합니다.

거룩한 공교회와
성도의 교제와 죄를
용서 받는 것과

거룩하다

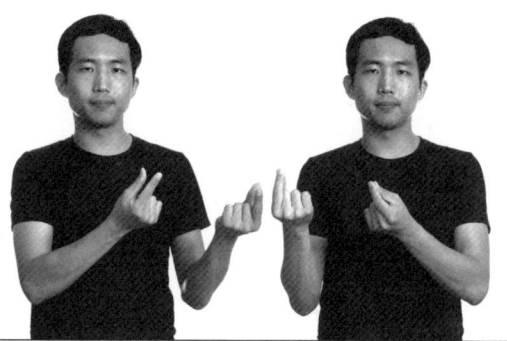

공통

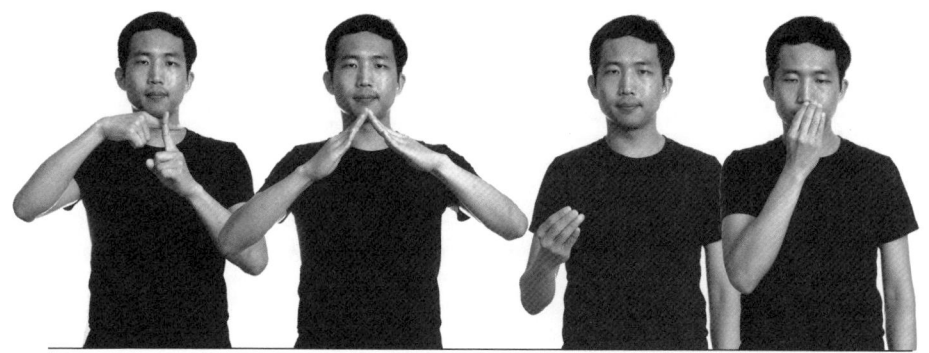

교회   거룩하다

성도

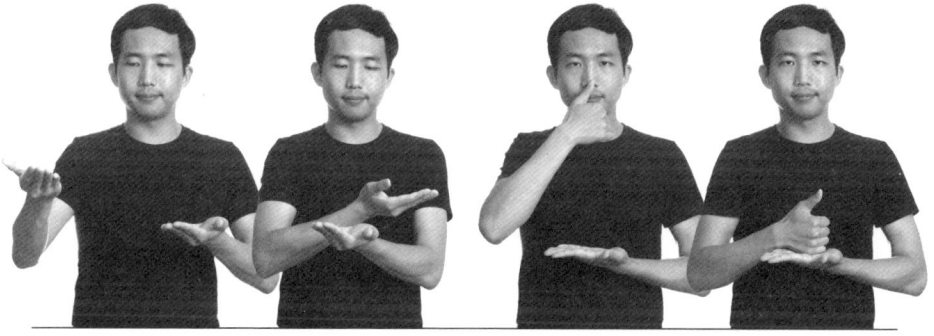

교제하다 　　　　　　　죄

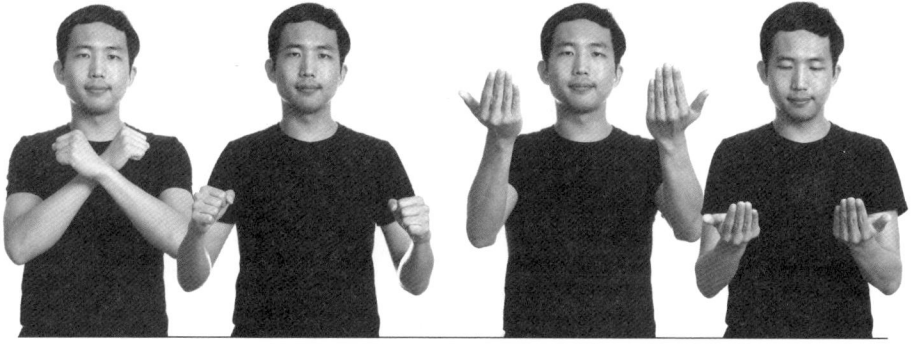

용서하다 　　　　　　　받다

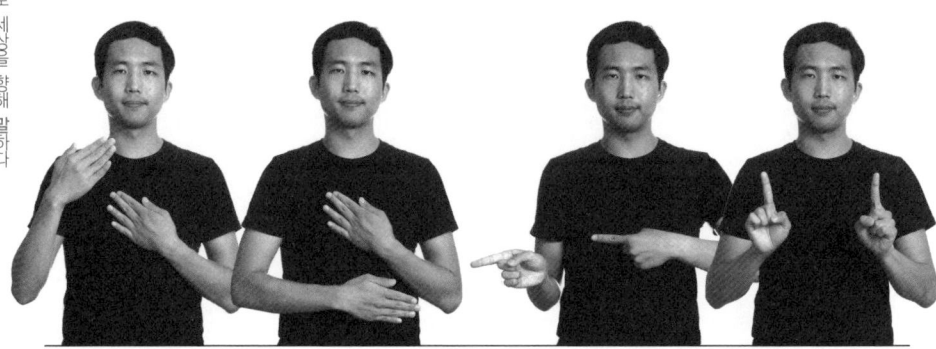

몸　　　　　　　　　　부활

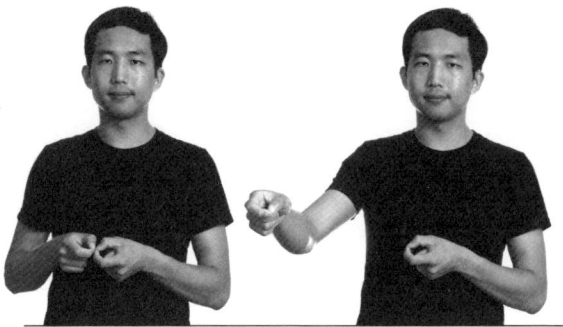 

영원하다　　　　　　　생명

몸의 부활과
영생을 믿습니다.
아멘

믿다

아멘

찾아보기

ㄱ

가게	74
가깝다	40, 84, 152
가끔	84
가다	75, 85, 152
가르치다	141, 167
가운데	213
가을	118
가족	47
가지다	79
간호사	181
갈라디아서	244
감사	142
값	76
강아지	114, 120
같다	74, 85, 152, 195
같이	191
개학	145
거룩	218
거룩하다	188, 255, 286
걱정	140
검정색	89
것	191, 195, 222, 223
겨울	118
결근	69
결석	146
결혼	55
경험	194
계란	133
계산	79
계속	179
계시다	187, 215, 216, 254, 281
계절	117
고난	210, 276
고등학교	144
고린도전서	243
고린도후서	243
고맙다	41, 75
고백	203
고양이	114
고장	92
골로새서	245
골프	129
공부	145
공통	286
공회	219
과거	109
과자	135
괜찮다	104
교실	145
교장	144
교제	220
교제하다	287
교회	149, 152, 165, 286
구경하다	86
구름	120
구약	172, 225
구원	156
구하다	198
권능	266
권사	161
권세	199
귀신	265
귀엽다	50, 115
그	205, 207, 274
그러나	140
그리스도	175, 207, 273
금요일	108
급하다	95
기계	65

기대하다	86	높이다	255	디모데전서	246
기도	168	누가복음	241	디모데후서	246
기독교	175	누구	42	디카	99
기르다	113	누나	49, 72	딸	54
기쁘다	38	느리다	88	딸기	134
기술	66	느헤미야	230	땅	191, 259
기차	84			때문에	151, 207
기침	179			떡볶이	75
김밥	136	**ㄷ**		또	42, 213
깨끗하다	274			똑같다	124
꽃	116	다니다	66, 149, 150	뜻	190
끝	49, 91, 93	다니엘	234		
		다스리다	256		
		다시	221, 279	**ㄹ**	
ㄴ		다윗	45		
		다이어트	130	레위기	226
나	37, 38, 39, 47, 49, 51,	달	119	로마서	243
	52, 92, 114, 123, 127, 205,	담당	64	롯데리아	137
	205, 269, 272, 284	답답하다	94	룻기	227
나라	189, 199, 266	당신	39, 63, 107, 113		
나무	121	대개	199		
나훔	236	대표	125	**ㅁ**	
날	192	대학원	144		
낫다	83, 182	데살로니가전서	245	마가복음	241
낳다	55, 209, 275	데살로니가후서	245	마리아	45, 209, 274
내년	110, 139	도	191	마우스	97
내려주다	261	독특하다	278	마태복음	240
내리다	88	돈	76	막내	49, 50
내일	76	동대문	72	막다	265
넘어지다	264	동물	113	만나다	37, 38, 40, 76,
넷	51	되다	94, 142, 166		106, 153
노란색	88	두손	277	만두	137
노아	45	둘	51	만들다	204, 270
노인	53	둘	114	많다	50, 167
농구	130	디도서	247	말다	197, 265

말라기		238
말씀		166
맛없다		132
맛있다		86
맞다	83, 95, 124, 126,	131
맞추다		260
맡다		165
매일	111,	193
매일		193
먹다	86, 180,	193
멀다		151
메일보내다		91
면접		69
몇단		126
몇학년		139
모니터		97
모두		51
모르다		43
모세		45
목		177
목사		160
목요일	103,	108
목적		283
몸	177, 221,	288
몸살		183
못박히다		211
못보다		92
무덤		211
무료		78
무슨		103
무엇	39, 42, 63, 64, 116, 150, 177	
무엇(어디)		74
무엇(어떤)	63, 126,	141
무지개		89
문자		98
물건	77, 111,	120
미가		236
미래		110
미안하다		41
미혼		208
민수기		226
믿다	203, 207, 218, 223, 271, 273, 284, 288	
믿음	154,	205
밀알		64

ㅂ

바쁘다		68
바울		45
반갑다		37
반찬		133
받다	189, 210, 276,	287
밥		132
방학		145
배		87
배고프다		132
배부르다		132
배우다		146
백화점		79
버리다		79
버스		83
벌다		67
베드로		45
베드로전서	248,	249
베드로후서		249
별		119
병		180
병원		180
보너스		67
보라색		89
보자		103
복음		158
본디오빌라도		209
볼링		129
봄		117
부담		167
부르다		254
부모님		48
부탁	168,	169
부터	165, 216,	282
부활		288
부활절		174
분홍색		89
불		121
비		120
비싸다		73
비행기		87
빌라도		276
빌레몬서		247
빌립보서		244
빠지다		197
빨강색		88

ㅅ

사과		133
사다	72,	74
사도		203
사도행전	242,	268
사람	53, 194, 212, 216, 217, 282, 283	

사랑		168
사무		63
사무엘상		228
사무엘하		228
사범		127
사범님		128
사시기		227
사장		66
사진찍다		85
사탄		171
사흘		278
산		121
산부인과		185
살다	39, 213, 222,	223
살아나다		279
삼(3)		212
삼성		65
새롭다		71
색깔		88
생각하다		188
생기		216
생명	282,	288
서로		219
서울	39,	262
서울극장		105
선생님	142,	165
설교		159
설치		94
성경		167
성도	219,	287
성령	208, 218, 274,	284
성탄절		174
세례		155
소개	38,	47
소망		154

소아과		185
소유		267
소풍		145
쇼핑		80
수리		93
수박		134
수영		129
수요일		108
숙제		146
순수하다		208
쉬다		183
스가랴		238
스바냐		237
승리		169
승합차		87
시간	103,	105
시장		72
시편		231
시험	146, 197,	264
신명기		226
신약	171,	240
실수하다		262
싫다	107,	113
심판	173, 217,	283
심하다		179
십일조		159
십자가	158, 210,	277
싶다		74
싸다		76
쓰다		67

ㅇ

아가		232
아니다	93,	113
아담		45
아들	54, 206,	272
아멘	170, 201, 257, 267,	289
아모스		235
아버지	188, 200, 205,	254,
255, 256, 258, 266, 269,		281
아벤		223
아브라함		45
아빠		53
아이		168
아이스크림	135,	141
아직	91,	95
아침		109
아프다		177
악		198
악하다		265
안과		184
안녕하세요		37
앉다	178, 215,	281
알다		43
애완동물		113
앰블런스		87
야고보서		248
야곱		45
야구		130
야근		69
약		180
양식		260
에!		40
어렵다		140
어린이		54
어제	71,	91
얼마		73
엄마		51

없다	43, 150
에베소서	244
에스겔	234
에스더	230
에스라	230
엑셀	96
여기	178
여동생	51
여름	117
여행	84
여호수아	227
역대상	229
역대하	229
열나다	178
열심히	166, 169
열왕기상	228
열왕기하	229
영광	170, 200, 266
영상통화	98
영생	172
영수증	78
영원	200, 222, 267
영원하다	288
영혼	156
영화	103, 105
예	35
예레미야	233
예레미야애가	233
예배	159
예쁘다	71
예수	206, 273, 275
예수님	155
옛날	149
오늘	109, 192, 260
오다	182, 217, 283
오르다	214, 280
오른쪽	215, 281
오바댜	235
오시다	256
오직	198, 205
오토바이	87
올해	165
옷	71
왜	103
요나	236
요엘	235
요즘	111, 150
요한계시록	252
요한복음	242
요한삼서	251
요한이서	250, 251
요한일서	250
욥기	231
용서	173, 195, 196, 220, 263
용서하다	262
용서하다	287
우리	151, 187, 192, 196, 197, 206, 254, 260, 262, 263, 264, 273
우리에게	194
우유	35
운동	123, 125
워드작업	95
원피스	73
원하다	47, 84, 141, 258
월급	67
월요일	108
윈도우	93
유다서	252
유일하다	272
유치원	143
유혹	197, 264
은혜	157
음료수	135
음식	131
응	71
의사	181
이루다	190, 192, 259
이름	37, 38, 188, 255
이사	151
이사야	233
이유	150
이후	104
인기	131
인도	173
인사	41
인터넷	96
일	63, 64, 103, 141
일요일	109
읽다	168
임하다	189
입니다	201, 223
있다	43, 48, 103, 115, 201
잉태하다	208, 275

ㅈ

자동차	87
자매	52
자연	118
작년	110
잘	166
잘못하다	262
잠언	231

장녀	52		277, 283	치료	182
장로	161	중학교	144	친구	38
장미	116	지각	146		
장사하다	278	지갑	77		
장소	39, 74, 84, 106,	지금	111	**ㅋ**	
	187, 190,191, 258, 282	지시	266, 272, 282		
저기	216	지옥	157	카드	77
저녁	104	지하철	83	카페	97
저와	40	지혜	174	커피	135
저지르다	263	직원	66	컴퓨터	92
전공	141	진찰	178	코	177
전능하다	203, 214, 269, 290	집	39, 40, 92, 113	콜라	136
전도	158	집사	160	키보드	97
전도사	160			키우다	115
전도서	232				
전자	64, 65	**ㅊ**			
점심	109			**ㅌ**	
정말	75	참다	183		
정형외과	184	창세기	225	타다	88
조립	65	채찍을맞다	276	태권도	123, 124, 127
존재하다	282	채팅	98	택시	87
졸업	139	처녀	274	토요일	108
좋다	74, 85, 86, 116,	처럼	259, 263	퇴사	68
	123, 142, 153, 169	처음	270	트럭	87
좋지않다	83	천국	157		
죄	173, 194, 196, 220,	천사	171		
	263, 287	천지	204, 270	**ㅍ**	
주	206, 271, 273	초등학교	143		
주기도문	187, 253	추수감사절	175	파란색	88
주다	193, 195, 196, 221	추측	142	파워포인트	96
주다/받다	262	축구	128	포도	134
주말	153	출애굽기	225	포토샵	96
주사	180	취업이	140	피자	136
주에속하다	271	취직	68	필요하다	193, 260
죽다	156, 211, 212, 217,	치과	184		

ㅎ

하나	114
하나님	154, 166, 204, 215, 270, 272, 281
하늘	119, 187, 190, 214, 254, 258, 259, 280
하늘	187
하다	169, 283
하박국	237
하소서	255, 259, 261, 263, 265
학개	237
학교	143, 165
학생	144
한가하다	68
한국	125
한턱내다	75, 107
할렐루야	170
할머니	48
할부	77
할아버지	48
할인	78
할인마트	80
함께	55, 220, 221, 222
해	119
해보다	178
행복	55
행하다	258
헉	128
헌금	159
헤어지다	42
헬스	130
현대	66
형	49
형제	54
호세아	234
홈페이지	97
화목하다	52
화요일	108
환자	181
회개	172
회사	63
회색	88
회의	69
휴가	68
흰색	88
히브리서	248

기타

~다가	215, 281
~대로	141
~만에	212, 278
~소서	189, 193, 196, 197, 198
~에게	192, 200, 209
~에서	198
~여	188
1년	110
1만5천원	73
2단	126
4단	127
4학년	139
6시	104
6시	106
7시30분	105
CD	99
KFC	137
LG	65
OK	35
OK	107
TV	35
WC	35

146쪽 퍼즐 정답

	김		밀	알
여	동	생		다
	한		십	
맞		환	자	
다	윗		가	족

한국밀알선교단 소개

밀알은 1979년 10월 재가장애인 전도, 봉사, 계몽 이 세 가지를 목적으로 설립되었습니다. 장애인에 대한 인식이 전무하던 시절 밀알은 복음의 사각지대에서 참 생명을 모르고 살아가던 장애인들과의 만남을 통해 예수그리스도의 복음을 전파하고, 그리스도의 마음을 품고 봉사하며, 각 교회와 사회에 장애인에 대한 인식개선을 위해 노력해 오고 있습니다. 밀알은 다양한 예배공동체를 통해 장애인 구원과 사회통합을 지향하며, 이 땅에서 하나님 나라를 세워 갑니다.

밀알정기모임 매주 강남(화), 종로(목), 강서(금) 지역에서 정기 모임을 갖고 있으며 식사, 찬양, 예배, 소그룹별 모임을 진행합니다.
*화요모임 - 일원역 밀알학교 18:30
*목요모임 - 종로3가역 초동교회 19:00
*금요모임 - 양천구청역 지구촌교회 14:00

행사 및 주요사역

재가장애인 전도 및 심방, 사랑의 캠프(여름, 겨울), 선교사역(SIW선교학교, 해외비전트립), 연구사역 / Worship Together(밀알사역연구소, 수어콘텐츠 나눔), 문화사역(소리보기, 문서사역), 출판사역

한국밀알선교단 www.kmil.or.kr 02)3411-6896

[밀알**수어**]
기독교 수어통역사를 향한 첫걸음